子どものための 保育制度改革

保育所利用者減少「2025年問題」とは何か

中山 徹 著

自治体研究社

はじめに

　今、保育所、幼稚園、認定こども園が岐路に立たされています。

　この10年間、就学前施設をめぐって様々な変化が起こりました。その変化は、「質を犠牲にした量の拡大」「行政責任の後退」とまとめることができます。2020年代も政府は、2010年代の延長線上で保育制度を変化させようとするでしょうか。

　そうではないと思います。

　その理由は本書で説明しますが、2010年代とは保育をめぐる状況が180度、変わるからです。2010年代、保育所が国民的に注目されたのは待機児童問題でした。女性が働こうと思っても子どもを保育所に預けることができず、働きに出られないということが各地で起こりました。政府は保育所等の定員拡大を進めましたが、いつまでたっても待機児童は解消されませんでした。その間、子どもは減り続けましたが、働く女性が増えたため、保育所等の利用者は増え続けました。政府は質を犠牲にして量的拡大を進めましたが、利用希望者の増加はそれを上回り、待機児童が解消されなかったわけです。

　このような保育政策を進めても子育て環境は改善しません。そのため2010年代後半は、出生率が低下し始めました。そこに新型コロナ感染症が猛威を振るい、出生数がさらに落ち込みました。新型コロナ感染症が収束しても、少子化は想定以上のスピードで進みそうです。その結果、早ければ2022年、遅くても2025年には保育所利用者が減少に転じそうです。

　保育所等の利用者が減少するという未だかつて経験したことのない事態に直面しています。本書では、それを保育における2025年問題と呼びます。保育における2025年問題に直面し、保育所は岐路に立た

されています。一つは、政府や自治体が進めようとしている道で、保育所利用者の減少を口実に公立施設を統廃合する道です。もう一つは、保育所利用者の減少を逆手にとって、保育所などの最低基準を改善する道です。本書では、保育所における2025年問題及び保育所が直面している二つの道について説明します。

2000年代、2010年代、保育制度が大きく変わりました。保育関係者などの働きかけで、政府が進めようとする「改革」に一定の歯止めをかけることができました。また、自治体が進める公立保育所の民営化などについても、保護者、保育関係者の粘り強い奮闘によって、いくつかの地域ではストップさせてきました。しかし全体としてみれば、この20年間は、保育環境が悪化し、公的保育制度が大きく後退したといえます。

保育における2025年問題に直面し、保育所は岐路に立たされています。一つ目の道を歩んでしまいますと、保育環境はさらに悪化します。しかしもう一つの道を歩むことができれば、日本の保育環境は大きく改善され、少子化そのものの克服も視野に入ってきます。

保育所はどちらの道を歩むのか。

それを決めるのはわれわれ国民です。ぜひ、本書ご覧になって、保育所が歩むべき道について検討してください。

子どものための保育制度改革
保育所利用者減少「2025 年問題」とは何か

［目次］

1 章

2010年代、保育制度・保育所はどう変わったのか

　2013年から待機児童解消が政策的に進められ、2015年には子ども・子育て支援新制度が始まり、2019年から教育・保育無償化もスタートしました。2010年代の10年間は、保育制度、保育施策それと連動して保育所などが大きく変化しました。1章では、新制度、待機児童解消、教育・保育無償化の目的は何であったのか、それによって保育所などがどう変化したのかを概観します。

1　2010年代に進められた保育政策の目的

民間参入の促進による景気対策

　子ども・子育て支援新制度（以下「新制度」と略します）の議論は、保育所をどう充実させるのかという視点から始めたのではなく、経済対策の一環としてスタートしました。なぜ保育制度の改革が経済対策として位置づけられたのでしょうか。2009年、民主党政権の時に「明日の安心と成長のための緊急経済対策」が決められました。当時、日本経済は深刻な状態にあり、民主党は規制緩和によって新たな産業分野の形成を進め、それを通じた経済の活性化、雇用の拡大を目指しました。いくつかの分野が具体的に掲げられましたが、その中に保育所、幼稚園が入りました。

　不況にもかかわらず保護者は子育てに一定のお金を使っています。服やおもちゃ、ピアノ教室、スイミングスクール、塾などはすでに企

業が収益の対象にしています。しかし、保育所や幼稚園、学童保育は公的な制度に基づいて運営されており、保護者がそれらにお金を使っても企業の収益にはつながりません。企業収益につながれば、参入意欲が刺激されます。企業からは公的な仕組みを改め、保育所や幼稚園、学童保育をサービス業として位置づけるように再三要望が出されていました。

　民主党政権は保育所や幼稚園、学童保育をサービス業に変え、収益を上げやすくすれば、事業者の参入が増えると考えました。そして事業者が増えれば競争原理が働き、利用者のニーズに合ったサービスが提供される。様々なサービスが展開されると、利用者が増え、動くお金も大きくなり、それが事業者の参入をさらに促し、事業者が増えれば雇用も増える。このような循環を作り出すために、保育制度の改革が景気対策として位置づけられたわけです。

労働力不足の顕在化と女性の就業率引き上げ

　2010 年代に入り、リーマンショックからの回復が進みますと、人手不足が顕在化しました。図 1 − 1 は有効求人倍率の変化を見たものです。有効求人倍率とは、仕事を探している人一人に対して何人の求人があるかという数値です。1.0 を越えると求人が求職者を上回り、人手不足の状態です。2008 年にリーマンショックがあり、2009 年の有効求人倍率は 0.45 まで下がりましたが、その後は回復し 2014 年に 1.0 を超え、2018 年は 1.61 まで上がっています。2019 年は少し下がっていますがそれでも 1.6 です。有効求人数が有効求職者数の 1.6 倍を意味しており、これが人手不足と言われているものです。

　次に、生産年齢人口及び就業者数の変化を見ます。生産年齢人口とは 15 歳以上 64 歳以下の人口です。2000 年 10 月 1 日の生産年齢人口は 8653 万人、これが 2020 年には 7466 万人まで 1187 万人減少してい

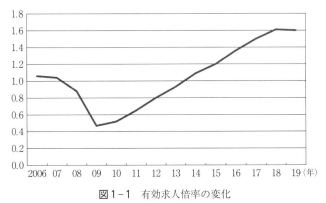

図1-1　有効求人倍率の変化

出所：厚生労働省「一般職業紹介状況」2020年4月より筆者作成。

ます（総務省統計局「人口推計」より）。減少率13.7％です。人口減少と高齢化が進んでいるためです。生産年齢人口は15歳から64歳までの人口であり、この人たちがすべて働いているわけではありません。また、これ以外に65歳以上の人も働いています。しかし、一般的には生産年齢人口と就業者数は密接に関係しており、2010年代に顕在化した人手不足の原因は、生産年齢人口の減少です。

　生産年齢人口の減少が人手不足を引き起こしたわけですが、生産年齢人口を増やすことは簡単ではありませんし、即効性もありません。そこで人手不足の解消策として考えられたのが、女性、高齢者、外国人の雇用を増やすことです。

　就業者数を見ますと2000年の6446万人から徐々に減り、2012年には6280万人になりました。しかし、2013年以降は反対に増えだし、2020年には6676万人になり、2000年と比べて230万人増えています。人手不足は年々ひどくなっていますが、就業者数はむしろ増えています。

　表1-1は年齢別、男女別の就業者数の変化を見たものです。就業者数が最も少なかった2012年と2020年を比べたもので、就業者数は397

表1-1 就業者数の変化

(2012年から2020年、万人)

	男性	女性	増減
15歳～64歳	-86	174	88
65歳以上	173	136	309
増　減	87	310	397

出所：総務省「労働力調査」より筆者作成。

万人増えています。その内訳を見ますと、就業者として最も中核的な15歳～64歳の男性就業者は86万人減少しています。それに対して女性は310万人の増加、65歳以上高齢者は309万人の増加、トータルで397万人増えています。

　この間、就業者数は増えていますが、それ以上に求人が増え、人手不足が深刻になっています。もし、女性と高齢者の就業者が増えなければ、人手不足はもっと深刻な事態になったと考えられます。また、ここでは詳しく説明しませんが、2012年から2020年の間に外国人労働者が68万人から172万人に104万人増えています（厚生労働省「外国人雇用状況の届出状況まとめ」2020年10月末時点より）。

　さて、2017年の生産年齢人口は7596万人、それが2040年には5978万人まで減ると予測されています。1618万人の減少で、減少率は21.3％です。そのような予測に対し、労働政策研究・研修機構は2040年までの労働力需給の推計を発表しています（「労働力需給の推計」2019年3月）。以下はそれに沿って考えます。2017年の就業者数は6530万人です。この就業者数がどう変化するでしょうか。まず、経済成長が達成できず、2017年の女性、高齢者の就業率が変化しなければ、2040年の就業者数は5245万人になると推計しています。1285万人の減少、減少率19.7％で、生産年齢人口の減少率とほぼ同じです。それに対して、経済成長が進み、女性、高齢者などの就業率が上がれば2040年の就業者数は6024万人になると推計しています。506万人の減少で減少率は7.8％となり、生産年齢人口の減少率を大幅に下回っています。

　2017年（実績値）と2040年（後者の予測値）の男女別就業率を年齢層別にグラフ化したのが**図1-2**です。男性の場合、30歳から59歳ま

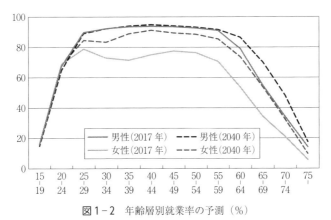

図1-2　年齢層別就業率の予測（%）

出所：労働政策研究・研修機構「労働力需給の推計」2019年3月より筆者
作成。

での就業率は2017年ですでに90%を超えており、これ以上就業率を
上げるのは困難です。そのため、2040年になってもほとんど変わって
いません。

　一方、2017年の女性を見ますと、30代で就業率が下がっており、就
業率は70%台です。この年齢は子育て世代ですが、日本の場合、子
育て期に仕事から離れる女性が少なからず存在しています。これがM
字型カーブと呼ばれるものです。これに対して2040年の推計値を見ま
すと、M字型カーブがほぼ解消されており、40〜44歳ではほとんど男
性と変わらない就業率になっています。

　これらの推計を受け、厚生労働省が設置した雇用政策研究会の報告
書では「今後の人口構造の変化を踏まえれば、就業者数の長期的な減
少は不可避的に生じると考えられる。こうした中、我が国が2%程度
の実質経済成長率を達成するためには、女性、高齢者等をはじめとし
た労働参加が不可欠であることが改めて示される結果となっている」
としています（「雇用政策研究会報告書」2019年7月）。

　今後、生産年齢人口の減少が避けられないため、このまま対策を講

じなければ、今以上に深刻な労働力不足を招きます。それを防ぐポイントの一つが、30代から50代までの女性の就業率をあげることです。男性と異なり、子育て中の女性が働くためには保育所等、子どもを預けることができる施設、事業が必要です。2010年代に入り政府が待機児童対策に取り組むようになりましたが、その理由は子育て中の女性の就業率を上げるためです。

国民負担による保育政策の財源確保

2010年代に進んだもう一つの大きな変化は、保育などに必要となる新たな財源を消費税にしたことです。新制度では就学前施設、事業を増やそうとしました。しかし、これらはスイミングスクールやピアノ教室とは違って、税金が投入されます。そのため施設、事業が増えれば、行政の財政負担も膨らみます。そこで当時与党であった民主党と野党であった自民党、公明党が保育などで新たに必要となる財源は消費税率の値上げでまかなうという合意をしました。いわゆる三党合意です。

2014年4月1日に消費税率が5％から8％に引き上げられ、その増税分の一部を使って、2015年4月から新制度がスタートしました。さらに2019年10月1日から消費税が10％に引き上げられ、その増収分の一部を使って同日から教育・保育無償化（以下「無償化」と略します）がスタートしました。

就学前施設を増やし、充実させるためには財源が必要です。その財源を消費税率の値上げに求めるとしたのが新制度です。そのため就学前施設、事業が新制度に位置づけられる限り、それらを改善、充実させようとしますと、消費税を値上げしなければなりません。就学前施策の拡充に必要な経費は国民が消費税の値上げで負担することになり、法人税を上げなければならない、企業向きの補助金を削らなければな

らないということを防ぐことができました。また、就学前施策を改善するためには消費税の値上げが必要となり、改善の声を抑制する効果が期待できます。

2　2010 年代に進められた保育政策の内容

市町村責任の後退

　2010 年代に保育制度が大きく変わりましたが、その動機は先に見てきたように、保育を景気対策として位置づけること、女性の就業者数を増やすこと、それらによって新たに必要となる財源を国民負担にすることの三点です。では、これを実現するために、実際どのような施策を展開しようとしたのか、どの程度それが実現したかを順に見ます。

　まず一つ目は、市町村責任を後退させることです。新制度以前の児童福祉法では、市町村に保育実施責任が課せられていました。保育を実施するのは市町村であり、市町村が必要な保育を確保しなければなりませんでした。そのため市町村は公立保育所を整備し、公立保育所だけでは不足する場合、私立保育所に保育の実施を委託していました。市町村の保育実施義務、それに基づく公立保育所の整備が保育における市町村責任の柱でした。

　保育をサービス業に変えるためには、市町村が保育の実施責任を持つのではなく、行政の関与をできるだけ減らし、民間が自由に参入できるようにしなければなりません。市町村の責任を、保育の実施責任から、必要な保育が確保され、適切な保育が実施されるように制度運営を行う責任に変えようとしました。そして、政府は児童福祉法に明記された市町村の保育実施義務をはずそうとしました。ところが、市町村の保育実施義務をなくすことについては保育関係者の反対が強く、政府はそのような法改正を断念しました。新制度では、保育所につい

ては市町村の保育実施責任はなくさず、従来と同じ内容の児童福祉法第24条第1項に位置づけられました。条文では「市町村は、…（略）…保育を必要とする…（略）…児童を保育所において保育しなければならない」となっています。

　一方、認定こども園、地域型保育事業を対象とした第24条第2項が加えられました。そこでは「市町村は、…（略）…必要な保育を確保するための措置を講じなければならない」となっています。前者では「市町村は…保育所において保育しなければならない」ということが明確に書かれています。それに対して後者では市町村の役割が、保育を実施することから、保育を実施する事業者の確保に変わり、直接、保育を実施する責任が曖昧になりました。保育が必要な子どもに対する市町村責任ですが、保育の実施責任が残る第1項と実施責任が曖昧になった第2項が並存しています。

　さらに、民間が保育を提供するためには、一定数を占めている公立保育所を削減し、民間に開放する必要があります。新制度とともに政府は公立施設を一気に減らす予定でした。後で見ますが、公立施設は減少していますが、新制度以前と比べて減少のスピードが早まったわけではありません。公立施設が一気に減らない理由は、児童福祉法第24条第1項が残ったからです。市町村に保育の実施責任が残っている以上、政府は公立保育所を簡単に潰せません。同じ理由で、新制度には公立施設を減らす仕組みを入れることができませんでした。新制度には公立施設を減らすような仕組みは存在しておらず、減少はしていますが、公立保育所が一定数、存続しています。

民間が参入しやすい仕組みの整備
①直接契約制の導入
　二つ目は、民間が参入しやすい仕組みを作ることです。これを進め

るため三つの仕組みが重視されました。まず最初は直接契約制の導入です。新制度以前の児童福祉法では、市町村に保育を実施する責任がありました。そのため、公立保育所の整備を進めますが、公立だけで必要な保育が確保できない場合は、民間に保育を委託し、民間が保育の実施に必要な経費は行政が負担します。また、民間を利用する場合であっても、保護者は市町村に入所の申し込みを行い、市町村と契約を交わし、市町村に保育料を支払います。

　新制度では、入所についても市町村が関与せず、保護者が直接施設に申し込み、保護者と施設が入所に関する契約を結ぶ直接契約制が検討されました。幼稚園は直接契約であるため、児童福祉法上のすべての施設、事業を直接契約に変えれば、就学前の施設、事業について、行政の関与が大きく減る予定でした。

　しかし、保育所が児童福祉法第24条第1項に位置づけられたこと、直接契約制の導入についても保育関係者の反発が大きかったため、保育所については直接契約制が見送られました。

　ただし、児童福祉法第24条第2項に位置づけられた認定こども園、地域型保育事業については、原則として入所の申し込み、契約、保育料の支払いなどは利用者と施設が行政を介さない直接契約制になっています。

②施設に対する補助から利用者に対する補助へ

　次に重視されたのが、補助金のあり方を変えることです。同じ幼稚園でも新制度に入った幼稚園と、入っていない従来の幼稚園を比べると違いがよく分かります。従来の幼稚園の場合、収入は利用者から徴収する保育料と、行政から払われる補助金の二つです。もし保育料だけで施設を運営しようとしたら保育料が高くなりすぎ、幼稚園を利用しにくくなるため、補助金が払われています。従来の幼稚園の場合、補助金と保育料、二つの収入があります。

　一方、新制度は施設運営に必要な経費はすべて保育料でまかなうという考えです。ところが、従来の幼稚園と同じで保育料だけで幼稚園を運営しようとすると保育料が高くなりすぎて、利用できなくなります。そこで保護者の収入に応じて行政が保育料の補助を行います。従来の幼稚園には補助金を支払いますが、新制度に入った幼稚園には幼稚園に対する補助金の代わりに、保護者に保育料の補助を行います。そして、各家庭がそれに自己負担分を足して、施設に保育料を支払うという形に変わりました。ただし、いったん家庭にお金を渡すと、家庭によってはそのお金を別のものに使ってしまうことが危惧されたため、家庭に渡さず直接、行政から幼稚園に渡すようにしています。このお金が従来の幼稚園と同じように幼稚園に払われる補助金のように見えますが、これは幼稚園に対する補助金ではありません。あくまでも家庭に対する補助を、家庭を介さず施設が受け取っているだけであり、新制度に入った幼稚園の収入は、保育料に一元化されています。

　施設に対する補助を利用者に対する補助に変えても、最終的に補助金が施設に渡ることに違いはありません。しかし、行政から直接、施設に補助金が払われるのと、いったん利用者に補助金が払われ、それが保育料の一部として施設に支払われるのでは大きく意味が異なります。前者の場合、施設は補助金を適切に使っているかの監査を受けますが、後者の場合は補助金が保育料として使われているかが監査の対象となります。言い換えますと、後者の場合、実質的に施設に税金が入っていても、その使途をチェックされないということです。

　就学前施設、事業の場合、補助金がなくなりますと、保育料が高くなりすぎて利用できません。そのため補助金は必要です。一方、従来のままの補助金ですと、参入した企業が監査の対象になり、お金を自由に使えません。そこで補助金を施設に対する補助から利用者に対する補助に変えたわけです。そうすると企業は監査の対象から外れます。

　保育所、幼稚園、認定こども園の大半は公立もしくは学校法人、社会福祉法人等の公益法人です。そのため、社会福祉法人、学校法人などは、公益法人として監査の対象になります。しかし後で見ますが、新制度の下で急増した小規模保育事業の場合、相当数は民間企業が設置運営しています。企業は公益法人でないため、基準を満たして事業を運営しているかの監査は受けますが、社会福祉法人や学校法人とは異なり会計的な監査は限定的です。

　2019年から無償化がスタートしました。そのため、保護者が払う保育料はなくなり、その分を市町村が幼稚園に払っています。しかし、施設に対する補助から利用者に対する補助に変えた点は引き継がれています。

③規制緩和の推進

　最後は規制緩和です。新制度では企業を中心とし、様々な事業主体を就学前施設、事業に参入させる予定でした。しかしこれには、幼稚園関係者、保育関係者などの反発が強く、幼稚園には企業参入が認められませんでした。その結果、幼保連携型認定こども園、幼稚園型認定こども園にも企業は参入できません。保育所は元々企業が参入できますから、新制度の元で新たに誕生した地域型保育事業のみ、企業参入が新たに認められたと言えます。

　保育所などの経費で一番大きいのは人件費です。また、都市部を中心に保育士不足が深刻化しています。企業参入を進めるためには、この問題を解決する必要がありました。そこで新制度では、保育士資格がなくても保育者になれる規制緩和を進めました。ただし、これについても幼稚園関係者、保育所関係者の反発は強く、幼稚園、保育所、認定こども園では、従来通り教員免許、保育士資格が必要となりました。一方、新制度で新たにスタートした地域型保育事業では、保育士資格がなくても保育者になれるように規制緩和を進めました。

女性の就業者を増やすための施策

①保育所等の量的拡大

　三つ目は、女性の就業者を増やすための条件整備です。これについては二つの施策が重視されました。まず、保育所等の量的拡大です。政府は 2013 年度から「待機児童解消加速化プラン」を始めました。この計画は 2017 年度末までの 5 箇年計画で、当初は 5 年間で 40 万人の受け皿を確保する計画でしたが、途中で上乗せし、5 年間で 50 万人の受け皿確保を目指す計画になりました。また、当初の計画では 2017 年度末までに待機児童を解消するとしていました。2008 年から 2013 年まで 5 年間の保育所定員の増加数は 17 万人なので、急増計画だったと言えます。

　2017 年度までの 5 年間で計画を上回る 53 万 5429 人分の受け皿が確保されました。しかし、2013 年 4 月の待機児童数は 2 万 2741 人、2018 年 4 月の待機児童数は 1 万 9895 人、待機児童は解消できず、待機児童数もほとんど減りませんでした（厚生労働省「待機児童解消加速化プラン集計結果」2018 年 9 月、同「保育所等関連状況取りまとめ」2018 年 9 月より）。

　そこで政府は、2018 年度から 2020 年度までの「子育て安心プラン」を策定しました。この計画では目標が二つ掲げられました。一つは、2020 年度末までの 3 年間で 22 万人分の受け皿を整備し、待機児童を解消すること。もう一つは 2022 年度末までの 5 年間で女性の就業率を 80% まで引き上げ、M 字型カーブを解消することです。そのために 5 年間でトータル 32 万人分の受け皿整備を目標としました。ただしこの計画も、2020 年度末までに 32 万人分確保すると途中で変更、前倒しされました。

　2020 年度末の値はまだ発表されていませんが、2020 年 4 月 1 日までで新たに 20 万人分の受け皿が整備され、2020 年度末までにトータル

で31万人分の受け皿が整備されるようです（厚生労働省「子育て安心プラン集計結果」2020年9月より）。受け皿の整備はほぼ予定通り進んでいます。一方、待機児童解消ですが、2020年度末の値は未発表ですが、2020年4月1日時点で1万2439人です（厚生労働省「保育所等関連状況取りまとめ」2021年9月より）。2020年度末までにこの待機児童を解消するのはかなり困難でしょう。

　待機児童は解消されませんでしたが、保育所等の受け皿整備は飛躍的に進みました。待機児童対策に取り組んだ2013年度から2020年度までの8年間で約84万人分の受け皿が整備されました。その前、2005年度から2012年度までの8年間で約24万人の増加ですから、約3.5倍のペースで受け皿整備が進んだことになります。

　②唐突に始まった保育料の無償化

　もう一つ、女性の就業率を上げるための具体的な方策として掲げられたのが、無償化です。お母さんが働こうと思っても、保育所に子どもを入れることができなければ、働けません。そのため、待機児童解消が重要なのは簡単にわかります。無償化がなぜ、女性の就業率引き上げにつながるのでしょうか。

　無償化は2019年10月から始まりました。3歳以上の子どもについては、幼稚園、保育所、認定こども園のどこを使っていても、一部の高額な幼稚園を除き、原則としてすべて無料になりました。0歳～2歳児については非課税世帯のみ無料になりました。

　自民党は幼児教育は重視していましたが、就学前は母親が家庭で子どもを育てるべきと考えていました。その考えですと、無償化する場合でも、幼稚園に相当する4時間分を無料とし、それを越える保育所部分は有料にしたはずです。

　ところが今回の無償化は、保育所部分も含めすべて無料です。これは、子どもが3歳になったら保育料を無料にするので、お母さんは働

きに出なさいということで、従来の自民党の考えを大きく変えたといえます。4時間幼稚園に預けても、11時間保育所に預けても、両方とも無料です。その結果、「保育所に預けても無料ならば、働きに出よう」というお母さんが増えるはずです。無償化は子育て世代の女性の就業率を上げるためのインセンティブです。

3 就学前施設、事業はどう変化したか

施設数、事業数の急増

先に待機児童対策がスタートする2013年前後での増加を見ましたが、ここでは2015年4月からスタートした新制度前後の増加数を見ます。新制度によって就学前施設、事業がどのように変化したかを見たのが**表1-2**です。**表1-2**の一番下の欄に施設数、事業数の全体的な変化を載せています。2009年の総施設数は3万6303箇所、それが2014年

表1-2 保育所、幼稚園、認定こども園等の箇所数

	2009	2010	2011	2012	2013	2014	2015	2016
保　育　所	22,712 62.6	22,742 62.7	22,879 63	23,289 63.6	23,289 63.8	23,516 64.2	23,205 58.1	22,973 55.4
幼　稚　園	13,233 36.5	12,971 35.8	12,668 34.9	12,411 33.9	12,132 33.2	11,775 32.1	11,150 27.9	10,570 25.5
認定こども園	358 1.0	532 1.5	762 2.1	909 2.5	1,099 3.0	1,360 3.7	2,836 7.1	4,001 9.7
地域型保育事業	0 0	0 0	0 0	0 0	0 0	0 0	2737 6.9	3,879 9.4
計	36,303 100	36,245 100	36,309 100	36,611 100	36,520 100	36,650 100	39,928 100	41,423 100

注：調査月日は、幼稚園5月1日、それ以外は4月1日である。
　　認定こども園は保育所、幼稚園に含まれない。
出所：文部科学省「学校基本調査」、厚生労働省「保育所等関連状況とりまとめ」、内閣府「認定
　　　こども園に関する状況について」から筆者作成。

には3万6650箇所になっています。5年間で347箇所の増加、増加率1％です。新制度が始まった2015年の施設数、事業数は3万9928箇所です。それが2020年には4万6131箇所になっています。5年間で6203箇所の増加、増加率15.5％です。2015年からスタートした地域型保育事業は規模が小さいため、保育所、幼稚園、認定こども園の施設だけを見ますと、5年間で2029箇所の増加、増加率5.5％です。

　新制度以前の5年間と新制度がスタートしてからの5年間を比較しますと、施設増加率は5.8倍になっており、急増と言っていいでしょう。新制度の意図が実現できたと言えます。

保育所・幼稚園は減少、認定こども園・地域型保育事業は増加

　幼稚園、保育所、認定こども園、地域型保育事業について、新制度導入前後で施設数、事業数がどう変化したかを見ます（**表1-2**）。厚生労働省、文部科学省の数値では、保育所型認定こども園は保育所に含まれ、幼稚園型認定こども園は幼稚園に含まれますが、ここでは認定こども園は幼稚園、保育所に含めていません。

　2009年から2014年にかけて、保育所と認定こども園は増え続けています。保育所は2万2712箇所から2万3516箇所まで、5年間で804箇所の増加です。認定こども園は358箇所から1360箇所まで1002箇所の増加、年間200箇所程度増えています。一方、幼稚園は1万3233箇所から1万1775箇所まで、5年間で1458箇所減っています。年間では292箇所の減少です。全施設に

（上段：箇所数、下段：割合％）

2017	2018	2019	2020
22,818	22,904	22,676	22,706
53.2	51.6	50.0	49.2
10,070	9,508	8,966	8,498
23.5	21.4	19.8	18.4
5,081	6,160	7,208	8,016
11.9	13.9	15.9	17.4
4,893	5,814	6,457	6,911
11.4	13.1	14.3	15.0
42,862	44,386	45,307	46,131
100	100	100	100

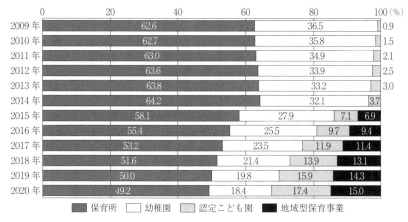

図1-3　施設数、事業数割合の変化

出所：表1-1と同じ。

　対する割合を見ますと、2009年は保育所＋幼稚園で99.1%でしたが、2014年では96.3%まで、2.8%低下しています。

　新制度が始まった2015年以降、保育所はやや減少に転じました。2015年は2万3205箇所でしたが、2020年には2万2706箇所まで、499箇所減っています。認定こども園はそれまでと同じように増え続け、2015年の2836箇所から、2020年には8016箇所になり、5年間で5180箇所も増えています。年間に直すと1036箇所の増加です。一方、幼稚園は新制度後も減り続け、2015年の1万1150箇所から、2020年の8498箇所まで、5年間で2652箇所減っています。年間に直すと530箇所の減少です。また、新制度の下で地域型保育事業が始まっていますが、2020年には6911箇所になっています。

　図1-3は同じ期間の変化を図にしたものです。2014年以前と2015年以降で明らかに傾向が異なっています。保育所は増加から減少に転じ、幼稚園は減り続けていますが、2015年以降は減少率が2倍近くになっています。一方、認定こども園は増え続けていますが、2015年以

降、増加率は5倍程度と急増しています。地域型保育事業は始まって5年しかたっていませんが、すでに15%を占めています。

　その結果、保育所＋幼稚園の占める比率は、2020年で67.6%まで激減しています。このまま推移しますと2021年には、認定こども園が幼稚園を上回り、2025年頃には幼稚園＋保育所の比率が50%を割り込むでしょう。

　新制度の枠外ですが、企業主導型保育事業があります。企業主導型保育事業は2016年から始まっていますが、2021年1月時点で3763事業あります。

　新制度スタート後、保育所、幼稚園は減少、認定こども園と地域型保育事業は急増、新制度外ですが企業主導型保育事業も急増と捉えることができます。先に見ましたが新制度後、就学前施設、事業は急増していますが、内容を見ますと児童福祉法第24条第2項に位置づけられた認定こども園、地域型保育事業が増えていると言えます。新制度では24条第1項と第2項が並存していますが、実態を見ますと第2項に該当する施設、事業が急増しています。

施設は公立から私立へ、小規模な事業は企業中心

　公立保育所と公立幼稚園の比率を見たのが**表1−3**です。2010年、公立保育所の割合は45.6%（認定こども園を含む）、公立幼稚園の割合は38.1%（認定こども園を含む）でした。公立保育所の割合は年々低下し、新制度後もその傾向が続き、2019年では32.1%（認定こども園を含まない）まで低下しています。公立幼稚園ですが、施設数は年々減っていますが、2020年で公立幼稚園の割合は37.3%でほとんど変わっていません。公立幼稚園は減っていますが、私立幼稚園も同じように減っているからです。

　保育所、幼稚園、認定こども園、地域型保育事業の設置主体別割合

表1-3　公立幼稚園、公立保育所の割合

(%)

	2010	2011	2012	2013	2014	2015	2016	2017	2018	2019	2020
公立幼稚園	38.1	37.8	37.4	36.9	36.5	38.6	38.7	38.8	38.6	38.0	37.3
公立保育所	45.6	43.6	41.3	39.6	38.0	36.7	35.6	34.5	33.3	32.1	

注：幼稚園は5月1日時点、保育所は10月1日時点。
　　2014年以前：幼保連携型認定こども園、幼稚園型認定こども園は幼稚園に含まれる。
　　2014年以前：幼保連携型認定こども園、保育所型認定こども園は保育所に含まれる。
　　2015年以降：認定こども園は幼稚園、保育所の双方に含まれない。
出所：文部科学省「学校基本調査」、厚生労働省「社会福祉施設等調査」、内閣府「認定こども
　　　園に関する状況について」から筆者作成。

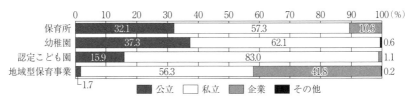

注：幼稚園は2020年5月1日時点、保育所・地域型保育事業は2019年10月1日時点、認定こど
　　も園は2020年4月1日時点。
　　認定こども園は保育所、幼稚園に含まれない。
　　「公立」は市区町村立である。

図1-4　施設、事業の設置主体別割合

出所：文部科学省「学校基本調査」、厚生労働省「社会福祉施設等調査」、内閣府「認定こども園に
　　　関する状況について」から筆者作成。

を見たのが**図1-4**です。保育所と幼稚園は公立の割合が以前よりは低下したとはいえ32.1%、37.3%です。それに対して新制度後、急増している認定こども園は公立の割合が15.9%、地域型保育事業の公立の割合は1.7%です。

　また、地域型保育事業では企業の割合が41.8%と高くなっています。2016年度からスタートした企業主導型保育事業は、一部に学校法人が含まれますが、ほぼすべて企業が設置しています。

　新制度後に急増した認定こども園、地域型保育事業は圧倒的に私立が多く、経営主体は全体的に公立から私立にシフトしていると言えま

す。特に0〜2歳児を中心的な対象としている地域型保育事業、企業主導型保育事業は、企業設置が多くなっています。0歳〜2歳児については企業参入を進めるという新制度の意図が実現できたと言えます。

保育士資格不要など、規制緩和型の事業が急増

　新制度で大きく変わったのは、保育士資格がなくても保育者になれる地域型保育事業の導入です。新制度以前もベビーホテルなどの認可外保育施設や自治体が独自に基準を定めている保育施設（認可外保育施設）などでは、保育士資格がなくても、保育に従事できました。しかし、これらは国が認可した施設ではないため、国費は投入されていませんでした。一方、国が認可している施設で保育に従事するためには保育士資格が必要でした。そしてそのような施設には国費が投入されていました。

　新制度ではそこに大きな穴を空けました。地域型保育事業は認可事業で国費が投入されていますが、保育士資格がなくても保育に従事できます。先に見ましたが、その地域型保育事業は2015年以降急増しています。また、2016年から始まった企業主導型保育事業でも、保育士資格がなくても、保育者になることができます。さらに2019年10月から無償化が始まりましたが、先の認可外保育施設や幼稚園の預かり保育も無償化の対象となりました。運営費ではありませんが、国費が投入されることになりました。

　従来から、国が認可する施設には国費が投入されていますが、そこで保育に従事するためには保育士資格が必要でした。2015年度以降は、国費が投入されているにもかかわらず、保育士資格がなくても保育に従事できるようになり、そのような施設、事業が急増しています。

　規制緩和の中心は保育士資格の有無ですが、保育環境という点でも実質的には認可保育所より劣悪となっています。一人あたりの必要面

表1-4　保育所等の増加数

	2010 年	2020 年	増加数	増加率
全　　国	23,068	37,652	14,584	63.2
首都圏	4,393	10,728	6,335	144.2
全国に対する割合(%)	19.0	28.5	43.4	

首都圏：東京都、埼玉県、千葉県、神奈川県。
出所：厚生労働省「保育所等関連状況とりまとめ」から筆者作成。

積は認可保育所も地域型保育事業も変わりませんが、保育所には調理室が設置され、多くの保育所にはホール、園庭等の共用空間が整備されています。しかし規模の小さい地域型保育事業にはこのような共用空間が整備されていません。

首都圏で受け皿が急増

2013 年からスタートした待機児童対策は女性の就労を増やすことが目的でした。そのため、働く場所が集中している首都圏をはじめとした大都市部が待機児童対策の主たる対象となります。

表1-4 は 2010 年から 2020 年にかけて保育所等の増加数、増加率を全国と首都圏で見たものです。10 年間で保育所等は全国で 2 万 3068 箇所から 3 万 7652 箇所まで 1 万 4584 箇所増えています。増加率 63.2%です。それに対して首都圏では 4393 箇所から 1 万 728 箇所まで 6335箇所増えています。増加率 144.2% です。この 10 年間で増えた保育所等の 43.4% が首都圏で増えたことになります。

その結果、首都圏にある保育所等の全国に対する割合を見ますと、2010 年は 19% であったのが、2020 年には 28.5% まで増えています。人口、産業も首都圏への一極集中が問題になっていますが、保育所等も首都圏への一極集中が進んでいます。

4　保育激動の時代：2010年代の特徴

　保育制度が激動した2010年代の特徴をまとめておきます。まず一つ目は、保育所等が量的に急増したことです。2010年以前も保育所に入所できない子どもがいましたが、保育は家庭の責任という考えが根強く、なかなか保育所整備は進みませんでした。ところが保育所が経済対策、雇用対策として位置づけられたため、2010年代は保育所等が急増しました。ただし、増えたのは従来からあった幼稚園、保育所ではなく、児童福祉法第24条第2項に位置づけられた認定こども園、地域型保育事業でした。それらの設置主体の中心は民間であり、地域型保育事業では企業が目立ちました。また、全国一律に増えたのではなく、首都圏を中心に量の拡大が進みました。

　二つ目は、保育の質が大きく後退したことです。量的に急増したため、保育士不足が深刻になりました。本来であれば、処遇改善を進めて保育士を確保すべきですが、保育士資格がなくても保育に従事できるように大きく規制を緩和しました。また、保育者の人件費を下げるため、非正規雇用を大きく増やしました。保育の質は保育者の専門性に依拠します。2010年代に進められたのは、質を犠牲にした量の拡大といえます。

　三つ目は、市町村の公的責任を後退させたことです。児童福祉法第24条第2項を新たに設け、市町村の保育実施義務を曖昧にしました。また、公立施設の統廃合、民営化が着々と進められました。

　四つ目は、施設、事業が複雑化したことです。量的拡大を優先するため、認可外施設がそのまま認可されるような制度設計になり、施設、事業が複雑になりました。認定こども園は4類型、小規模保育事業は3類型ありますが、当事者ですらこのように複雑化した施設、事業を

理解することが困難です。そのうえ無償化では、保育を必要とする子どもが幼稚園の預かり保育を受けた場合、2号相当で預かり保育も無償化の対象になります。1号（3歳から5歳で2号認定以外）、2号（3歳から5歳で保育を必要とする子ども）を分けた意味がなく、制度的に混迷しています。

2 章

保育所における 2025 年問題

　日本は少子化が先進国 1 位のスピードで進んでいます。しかし、女性の就業率上昇がそれ以上の早さで進んだため、保育所利用者は増え続けました。少子化に歯止めがかからなければ、いずれ保育所の利用者も減少に向かいますが、それはまだ 10 年以上先のことだと思われていました。ところが、2020 年に新型コロナ感染症が生じ、少子化のスピードが想定以上に速まりそうです。その結果、2025 年までに保育所利用者が減少すると予想され、保育所利用者は増え続けるという大前提の転換が生じそうです。本書ではこれを保育における 2025 年問題と呼びます。2 章では、この意味を説明します。

1　コロナ禍で少子化が加速

先進国 1 位の人口減少率

　日本では少子化が止まらず、2008 年をピークに人口が減り始めています。少子化対策に失敗すると今後、人口が大きく減ります。国立社会保障・人口問題研究所は、2010 年の国勢調査を元に日本の将来人口予測を行っています。それによりますと、100 年後である 2110 年には 4286 万人まで減ります。**図 2 - 1** の破線が将来人口予測を意味しています。ピーク時の 1 億 2808 万人と比べると、ほぼ 1/3 の人口です。1900（明治 33 年）年の人口が 4384 万人なので、100 年後は 100 年前の人口、明治時代後半の人口まで戻るということです。20 世紀、日本の人口増

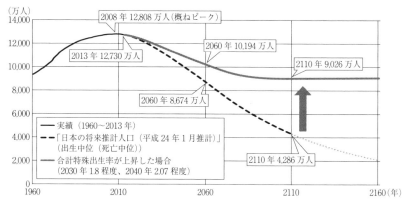

注1：実績は、総務省統計局「国勢調査」等による（各年10月1日現在の人口）。国立社会保障・
　　人口問題研究所「日本の将来推計人口（平成24年1月推計）は出生中位（死亡中位）の仮
　　定による。
　2：「合計特殊出生率が上昇した場合」は、経済財政諮問会議専門調査会「選択する未来」委員
　　会における人口の将来推計を参考にしながら、合計特殊出生率が2030年に1.8程度、2040
　　年に2.07程度（2020年には1.6程度）となった場合について、まち・ひと・しごと創生本
　　部事務局において推計を行ったものである。

図2-1　地方創生で掲げた目標

出所：閣議決定「まち・ひと・しごと創生長期ビジョンについて」2014年12月から筆者作成。

加率は先進国で1位でしたが、このままですと21世紀、人口減少率が
先進国で1位になりそうです。

地方創生で掲げた目標

　このような状況に対して2014年から地方創生がスタートしました。
地方創生では二つ目標を設定しています。一つは、首都圏への一極集
中を止めること。もう一つは、出生率を引き上げることです。二つ目
の目標ですが、2014年の合計特殊出生率（おおむね女性が一生の間に産
む子どもの数）は1.42です。長期的に見ると人口は大幅に減ります。誤
解を招かないためにあらかじめ断っておきますが、子どもを産むかど
うかは本人が決めることで、国が決めることではありません。少子化

対策を進めるべきですが、それは子どもを産みたい、育てたいと考えている人が、安心して子どもを産めるようにする対策です。

　地方創生では、合計特殊出生率を 2030 年に 1.8、2040 年に 2.07 まで引き上げることを目標にしています。2020 年には 1.6 程度としています。1.8 は国民希望出生率と呼ばれている数値です。子育てについては様々な問題が存在しています。たとえば、子育てと仕事の両立が困難である、子育てにお金がかかりすぎるなどです。このような社会的、経済的問題が解決すれば子どもを産みたいと考えている人がどの程度いるかを世論調査で調べ、その出産が実現するとどの程度まで出生率が上がるかを計算した数値です。2.07 は人口置換水準と呼ばれている数値です。これは先進国の医学の水準で、人口が長期的に増減せず、安定した状態を保つ数値です。地方創生では 2030 年までに国民希望出生率を、2040 年までに人口置換水準を達成するとしています。

　この目標が達成されますと**図 2 − 1**の実線になります。この線を見ていただくと分かりますが 21 世紀の終わりにはだいたい 9000 万人ぐらいで人口が安定します（2110 年で 9026 万人）。このビジョンは 2014 年 12 月に作成されましたが、その後の変化を踏まえ 2019 年 12 月に改訂されています。この改訂版の予測は 2015 年の国勢調査を元にしているため、若干の変更はありますが、2040 年に合計特殊出生率を 2.07 にする目標は変えてません。この改訂版では目標を達成できれば、2110 年に 8969 万人になると予測しています。

地方創生第 1 期の実績

　地方創生の第 1 期は 2015 年から 2019 年の 5 年間です。この間に合計特殊出生率がどう変化したかを見たのが**図 2 − 2**です。2030 年に合計特殊出生率を 1.8 まで上げるのが目標であり、そこから逆算しますと、2020 年はだいたい 1.6 程度の目標値になります。地方創生の計画

34

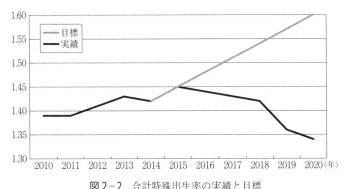

図2-2　合計特殊出生率の実績と目標

出所：著者作成。実績値は厚生労働省「人口動態統計」の数値。

が立てられたのは2014年12月です。2014年の合計特殊生率は1.42でした。地方創生1年目の2015年は1.45に上がり、この年までは計画通り推移しました。ところが2016年以降は下がり続け、2018年には1.42とスタート時点の数値に戻り、2019年にはさらに1.36まで下がってしまいました。

　2020年から地方創生は第2期に入っていますが、2020年の合計特殊出生率は1.34でさらに低下しています。2020年の目標はだいたい1.6でしたが、目標に届くどころか、地方創生がスタートした時点よりも低くなっています。

コロナ禍による出生数の減少

　地方創生が順調に進まない一方で、2020年以降、新型コロナ感染症が猛威を振るっています。新型コロナ感染症の影響は様々な方面で現れていますが、結婚、出産にも大きな影響を与えています。度重なる緊急事態宣言の元で出会いの機会が減っている、病院に行くのが不安で出産をためらっている、収入が減り出産を先延ばししているなどです。

　小中学校に臨時休校を要請したのが2020年2月、第1回目の緊急事

態宣言は 2020 年 4 月に発出されました。このときが第 1 波です。その後、7 月から 8 月にかけて第 2 波、11 月から 2021 年 1 月にかけて第 3 波、2021 年 3 月から 5 月が第 4 波です。それと共に、2021 年 1 月に 2 回目の緊急事態宣言、2021 年 4 月に 3 回目が発出されました。出生数について新型コロナ感染症の影響が出るのは 2021 年以降になりますが、出生数の大幅な減少が予測されています。

　年間でどの程度の出生数になるかは分かりませんが、月別の出生数はすでに大幅に落ち込み始めています。2020 年 12 月の出生数は 6 万 9282 人、それが 2021 年 1 月には 6 万 3742 人、2 月には 5 万 9789 人まで減っています（厚生労働省「令和 3 年 2 月人口動態統計速報」より）。対前年同月比は 1 月で 14.6% 減、2 月は 10.3% 減です。

　コロナの影響が出ていない 2020 年の出生数は 84 万 832 人です。それらを元にいくつかの研究所、研究者が 2021 年の出生数を予測しています。日本総研の予測によりますと 78.4 万人（日本総研「コロナ禍で加速する少子化」2020 年 12 月）、第一生命経済研究所は 77.6 万人（第一生命経済研究所「コロナ危機がもたらす将来人口への影響」2020 年 12 月）及び 76.9 万人（同「2021 年ショック、コロナで結婚・出産は受難」2021 年 2 月）と予測しています。また、浅川澄一氏は 79 万人もしくは 75 万人と予測し（「コロナ禍で少子化に拍車」ダイヤモンドオンライン、2021 年 1 月）、河合雅司氏は 75 万人程度と予測しています（講談社現代新書 web サイト「2021 年、ベビーショック到来」2020 年 11 月）。

前倒しで進む少子化

　2021 年の出生数が 78 万人だとすると、この値は国立社会保障・人口問題研究所が推計している 2034 年とほぼ同じです。75 万だとすると、2038 年と同じです（**図 2−3**）。

　新型コロナ感染症がいつ収束するか分かりません。仮に 2021 年中に

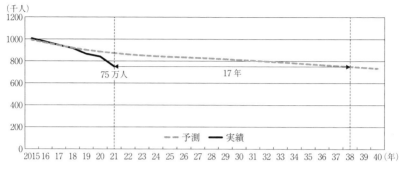

図2-3　出生数の推移と予測

出所：2020年までの実績は、厚生労働省「人口動態統計」、同「人口動態統計月報令和2年12月」2021年6月。
　　　2021年の実績は筆者の推測（2021年は75万人）。
　　　予測は、国立社会保障・人口問題研究所「日本の将来推計人口（平成29年推計）」。
　　　上記の数値を元に筆者作成。

収束した場合、出生数の回復が見込めるのは2023年からになります。その場合、2022年の出生数がどの程度になるのかは分かりません。また、新型コロナ感染症収束後、2021年、2022年に出産を控えた方が2023年以降、控えた子どもをどの程度出産するかも分かりません。すべて出産した場合、再び予測値に戻ります。しかし、出産を控えた方が、控えた子どもの半分しか出産しなかった場合、数年から10年程度、少子化が前倒しで進みます。

　3人子どもをほしいと思っていた方が2人にするようなことは十分起こりえるでしょう。また、新型コロナ感染症が収束しても、経済状態が元に戻るまでには数年から10年程度かかりそうです。もし新型コロナ感染症の収束が遅れますと、少子化は逆にさらに前倒しで進みます。

　図2-1をもう一度見てください。日本では少子化に歯止めがかからず、出生率が今のまま推移すれば破線のように人口が減ります。それではさすがに大変だということで地方創生が始まり、実線になるよう

に目標を定めました。ところが実際は少子化がさらに進み、そのうえ
新型コロナ感染症が生じたため、目標達成どころか、破線よりも下方
で推移しています。この間の出生率、出生数を見ていますと、国立社
会保障・人口問題研究所の将来人口推計よりも数年から 10 年程度、前
倒しで少子化が進むと考えた方が良さそうです。

2　就学前施設、事業の利用状況

全体の利用状況

　就学前の子どもが利用する施設、事業として、幼稚園、保育所、認
定こども園、地域型保育事業、企業主導型保育事業があります。各々
の定員、在籍児童数、定員充足率を見たのが**表 2 − 1**です。調査時点が
異なる表を一つにまとめたため、あくまでも概数です。

　在籍児童数が最も多いのは、保育所＋保育所型認定こども園で 205

表 2 − 1　就学前児童（0 歳〜5 歳）の施設、事業利用状況

（単位：万人）

	定　　員	在籍児童	充足率(%)
幼稚園＋幼稚園型認定こども園	182	114	62.6
保育所＋保育所型認定こども園	223	205	91.9
幼保連携型認定こども園	86	75	87.2
地域型保育事業	11	9	81.8
企業主導型保育事業	9	7	77.8
合　　　計	511	410	80.2

出所：文部科学省「学校基本調査」2020 年 5 月 1 日時点。
　　　厚生労働省「保育所等関連状況とりまとめ」2020 年 4 月 1 日時点。
　　　内閣府「認定こども園に関する状況について」2020 年 4 月時点。
　　　児童育成協会「企業主導型保育事業の定員充足状況について（速報
　　　版）」2021 年 1 月 1 日時点。
　　　資料によって調査時点が異なるため誤差がある。
　　　地方裁量型認定こども園は、定員、在籍児童とも 1 万人以下のため含
　　　めていない。
　　　上記資料を元に筆者作成。

万人、次いで幼稚園＋幼稚園型認定こども園が 114 万人、幼保連携型
認定こども園が 75 万人です。合計すると 410 万人の子どもが何らかの
施設、事業を使っています。これ以外に認可外保育施設があり、2019
年 3 月 31 日時点で 17 万 3160 人が利用しています（厚生労働省「平成
30 年度認可外保育施設の現況とりまとめ」2020 年 7 月）。

　2019 年 10 月 1 日時点で 0 歳〜5 歳の子どもは 573 万人です。この
うち就学前施設、事業を利用している子どもは 410 万人で 71.6% です。
また、就学前施設、事業の定員は 511 万人で、就学前児童の 89.2% に
相当します。

3 歳から 5 歳児の利用状況

　3 歳〜5 歳児に限定して、施設の利用状況を見たのが**表 2−2** です。
表 2−1 と同じように概数です。定員が一番多いのは幼稚園＋幼稚園型
認定こども園で 182 万人、在籍児童が一番多いのは保育所＋保育所型
認定こども園で 125 万人です。定員充足率を見ますと、保育所＋保育
所型認定こども園は 91.9%、幼保連携型認定こども園は 87.1% で 90%
前後ですが、幼稚園＋幼稚園型認定こども園は 61.5% で、定員の 4 割
近くが埋まっていません。

　2019 年 10 月 1 日時点で 3 歳〜5 歳の子どもは 294 万人です。このう
ち就学前施設を利用している子どもが 291 万人で 99% です。一方、就
学前施設の全定員は 380 万人で、これは子どもの 1.3 倍にあたります。

　定員充足率が 100% になると年度途中の転居等に対応できません。
また、年によって子どもの数が変わるため、ある程度の余裕が必要で
す。保育所＋保育所型認定こども園、幼保連携型認定こども園の定員
はおおむね適切だと思いますが、幼稚園＋幼稚園型認定こども園は定
員がかなり空いています。

　幼稚園と保育所では施設の目的が異なり、定員を合計することは意

表 2 - 2　3 歳児以上の施設利用状況

（単位：万人）

	定　　員	在籍児童	充足率(%)
幼稚園＋幼稚園型認定こども園	182	112	61.5
保育所＋保育所型認定こども園	136	125	91.9
幼保連携型認定こども園	62	54	87.1
合　　　計	380	291	76.6

出所：文部科学省「学校基本調査」2020 年 5 月 1 日時点。
　　　厚生労働省「保育所等関連状況とりまとめ」2020 年 4 月 1 日時点。
　　　内閣府「認定こども園に関する状況について」2020 年 4 月時点。
　　　資料によって調査時点が異なるため誤差がある。
　　　保育所＋保育所型認定こども園、幼保連携型認定こども園の定員は筆
　　　者の推計である。
　　　地方裁量型認定こども園、地域型保育事業、企業主導型保育事業は含
　　　めていない。
　　　上記資料を元に筆者作成。

味がありません。また、この表はあくまでも全国的な動向であり、地域によっては定員が不足しているところも存在します。ただそのような点を考慮しても、3 歳～5 歳児向けの定員はすでに子どもの 1.3 倍あり、定員超過の状態だと判断できます。

0 歳から 2 歳児の利用状況

　0 歳～2 歳児の施設、事業の利用状況を見たのが**表 2 - 3** です。**表 2 - 1** と同じように概数です。定員、在籍児童数とも、保育所＋保育所型認定こども園が一番多く、次いで幼保連携型認定こども園となっています。定員充足率を見ますと、保育所＋保育所型認定こども園は 93％、幼保連携型認定こども園は 87.5％ で 90％ 前後となっていますが、地域型保育事業、企業主導型保育事業は 81.8％、77.8％ で、80％ 前後です。

　2019 年 10 月 1 日時点で 0 歳～2 歳の子どもは 280 万人です。このうち就学前施設、事業を利用している子どもは 118 万人で、42.1％ です。

表 2-3　0~2歳児の施設、事業利用状況

（単位：万人）

	定　員	在籍児童	充足率(%)
幼稚園型認定こども園	1	1	—
保育所＋保育所型認定こども園	86	80	93.0
幼保連携型認定こども園	24	21	87.5
地域型保育事業	11	9	81.8
企業主導型保育事業	9	7	77.8
合　　　計	131	118	90.1

出所：厚生労働省「保育所等関連状況とりまとめ」2020年4月1日時点。
内閣府「認定こども園に関する状況について」2020年4月時点。
保育所＋保育所型認定こども園、幼保連携型認定こども園の定員は筆
者の推計である。
地域型保育事業、企業主導型保育事業については在籍児童をすべて0
歳~2歳とした。
地方裁量型認定こども園は含めていない。
上記資料を元に筆者作成。

　一方、就学前施設、事業の定員は131万人で、子どもの46.8%にあた
ります。また、定員131万人に対し、在籍児童数が118万人で、定員
充足率90.1% です。

　0歳~2歳児の場合、年途中の入所もあるため、一定の定員を空け
ておかなければなりません。全国的に見て定員充足率が90.1%のため、
定員が不足し、待機児童がなかなか解消できない地域があると判断で
きます。

3　就学前施設の利用者がどう変化するか

コロナ禍によって出生数、児童数がどう変化するか

　新型コロナ感染症によって出生数が大幅に落ち込みそうです。どこ
まで落ち込むかは分かりませんが、すでに書いたように研究所、研究
者の予測では、2021年の出生数は78万人から75万人の間になりそう
です。本書では77万人まで落ち込むと仮定します。

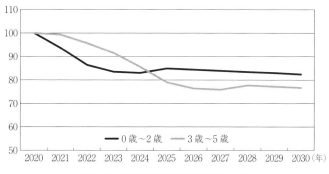

図 2-4　児童数の予測（2020 年 = 100）

出所：筆者作成。

　さて、2015 年の出生数は 99 万 2000 人、2020 年は 84 万 1000 人です。5 年間で約 15 万人の減少で、1 年間に直しますと 3 万人の減少です。それに対して 2020 年から 2021 年は 1 年間で 7 万人の減少です。

　コロナ禍がいつまで続くかは分かりませんが、ワクチンの接種予定などから判断しますと、2021 年末ぐらいまでは今の状況が続きそうです。そのため、2022 年も出生数が 7 万人減少すると想定します。

　コロナ禍で出産を控えていた方が、収束後どの程度出産されるかは分かりませんが、出産を控えていた方の半数が 2023 年に出産するとします。また、新型コロナ感染症収束後は、再び国立社会保障・人口問題研究所の仮定値で推移するとします。

　この前提で児童数を予測したのが**図 2-4** です。2020 年を 100 としています。0〜2 歳については、2021 年、2022 年に急速に下がり、その後は 80% 代前半で推移します。3 歳〜5 歳については、2021 年以降、徐々に減り、2024 年、2025 年で大きく減ります。2021 年に出生数が大きく減りますが、その子どもが 2024 年に 3 歳になるからです。2025 年以降は 70% 台後半で推移します。

3歳から5歳児の定員充足率はどう変化するか

　すでに書きましたが、地方創生は十分な効果が上がっていない上、新型コロナ感染症の影響で、今後の出生数は大きく落ち込みそうです。これらが定員充足率にどのような影響を与えるかを見ます。

　3歳から5歳児についてですが、2020年の児童数は292万人、それが2024年には250万人まで減ります。翌2025年にはさらに231万人まで減ります。5年間で20.9％の減少です。2020年時点で3歳～5歳児は99％が就学前施設を利用しています。これより利用率が上がるとは考えにくく、2025年も利用率は99％で変わらないとします。そうしますと2025年の在籍児童数は229万人です。

　一方、3歳から5歳児向けの保育所、幼稚園、認定こども園の定員はどう変化するでしょうか。おそらく幼稚園の認定こども園化が進み、1号認定（3歳から5歳で2号認定以外）の定員が減り、2号認定（3歳から5歳で保育を必要とする子ども）、3号認定（0歳から2歳で保育を必要とする子ども）の定員が増えると思われます。どの程度の幼稚園が認定こども園に変わるかは分かりませんが、2015年から2020年までの5年間で幼稚園（幼稚園型認定こども園を含む）の定員は15.2％減っています。2020年4月時点で幼保連携型認定こども園の在籍児童を見ますと、1号認定＋2号認定が72.2％、3号認定が27.8％です。幼稚園が認定こども園になる場合、定員をどのように変更するかは分かりませんが、1号認定5名分の定員を、3号認定1名分の定員に振り替えるとします。この割合で2025年まで変化したとしますと、2025年には幼稚園の定員は149万人まで減り、幼保連携型認定こども園における1号認定、2号認定の定員は8万6000人増え、3号認定の定員は3万7000人増えます（認定こども園になった幼稚園はすべて幼保連携型認定こども園だとします）。それ以外が変わらないとすれば2025年時点で、3歳から5歳児向きの定員は362万人になります。

　2025 年の在籍児童数は 229 万人、定員が 362 万人ですから、定員充足率は 63.3% まで落ち込みます。これは 2020 年の幼稚園の定員充足率とほぼ等しい値です。

0 歳から 2 歳児の定員充足率はどう変化するか

　0 歳から 2 歳児についてですが、2020 年の児童数は 268 万人、それが 2024 年には 220 万人まで減ります。翌 2025 年には 227 万人までやや増えます。5 年間で 15.3% の減少です。2020 年時点で 0 歳〜2 歳児は 42.1% が就学前施設を利用しています。この利用率がどこまで伸びるかは分かりませんが、2025 年の利用率を 50% とした場合、在籍児童は 114 万人になります。

　一方、0 歳から 2 歳児向けの就学前施設、事業の定員はどう変化するでしょうか。新子育て安心プランでは 2024 年度末までに 14 万人分の定員を増やすとしています。幼稚園が認定こども園になることで 2 号認定が 5 万 5000 人、3 号認定が 3 万 7000 人増えるとすると、残りは 4 万 8000 人です。これをすべて 3 号認定で増やすとすると、2025 年までに 0 歳から 2 歳児向けの定員は 8 万 5000 人増え、140 万人となります。

　2025 年の在籍児童数は 114 万人、定員が 140 万人ですから、定員充足率は 81.4% まで落ち込みます。これは 2020 年よりも 9 ポイント低い値です。

4　保育所が直面する 2025 年問題

保育所利用者数の減少

　以上の分析をふまえ、これから保育所が直面する問題を三つにまとめます。一つ目は、保育所利用者の減少です。出生率の改善が進まなけ

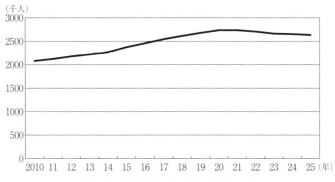

図2-5　保育所等利用者数の推移と予測

出所：2020年までは実績、厚生労働省、各年「保育所等関連状況とりまとめ」。
　　　2021年以降は筆者の推計。
　　　上記の数値を元に筆者作成。

れば、いずれ児童数の減少率が、保育所利用者の増加率を上回り、保育所利用者が減少に転じます。すでに地方や郊外ではそのような状況に直面していますが、全国的に見ますと、まだ、保育所利用者が増え続けています。

　しかし、新型コロナ感染症の広がりで、少子化のスピードが数年から10年程度速まりそうです。そのため、まだまだ先だと思われていた保育所利用者の減少が近々、起こりそうです。

　図2-5は保育所等利用者数の推移と予測です。2020年までは実績です。女性の社会進出を背景に保育所等の利用者は増え続けました。2010年の利用者が208万人、それが2020年には274万人まで増えています。増加率31.7%です。

　しかし、少子化が止まらないため、いずれ保育所等利用者も減少に転じると思われていました。その場合、保育所等利用者の増加数が徐々に低下し、数年程度は増減がほぼゼロの状態が続き、その後次第に減少するようななだらかな高原状の曲線を描くはずでした。そして減少に向かうのはまだ10年以上先と思われていました。

　ところが新型コロナ感染症の影響で、出生数が大幅に低下しそうです。2021 年はおそらく 7 万人程度減少します。保育所の利用率が今までの割合で上昇したとしても、ベースとなる児童数の減少が大きく、おそらく 2022 年から保育所利用者が減少すると思われます。そしてそのピークから高原状の状態を経ず、一気に減少に向かいそうです。

保育所等定員充足率の低下

　二つ目は、保育所等の定員充足率が大幅に低下することです。保育所の定員充足率は 2012 年がピークで 97.2%、2014 年、2015 年も 97% でした。ところが 2016 年から定員充足率が低下し始めます。そして 2020 年には 92.2% まで低下しています（**図 2-6**）。

　定員充足率が低下したのは保育所等の利用者が地域的に偏在しているからです。首都圏や大都市部では、保育所等利用者が増加し、待機児童が発生しています。そのため、保育所等の定員も増やし続けていますが、定員充足率は高止まりしています。

　一方、地方や郊外でも女性の就業率上昇と共に、保育所等を利用す

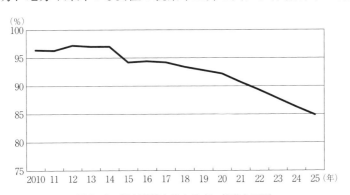

図 2-6　保育所等定員充足率の推移と予測

出所：2020 年までの実績は、厚生労働省、各年「保育所等関連状況とりまとめ」。
　　　2021 年以降は筆者の推計。
　　　上記の数値を元に筆者作成。

る子どもの比率は上がっています。しかし、児童数そのものが大幅に減っているため、保育所等利用者数は減少に転じています。その結果、全国的に見ますと、保育所等の利用率は低下しています。

　すでに見ましたが、2021年には出生数が大幅に低下し、おそらく2022年も低下するのではないかと思います。これほど出生率が落ち込みますと、保育所等の利用率が増えても、保育所等を利用する子どもは減ります。普通に考えますと、待機児童を抱えている一部の地域を除き、今後、保育所等の定員は増えないはずです。ところが今後も保育所等の定員は増え続けます。それは幼稚園の認定こども園化が今後も進むからです。児童数が減り、保育所等の利用率は上がったため、幼稚園の利用者はすでに大幅に減っています。私立幼稚園は認定こども園に変わり、2号認定、3号認定の子どもを受け入れ、経営の安定を図るでしょう。むしろ今後、児童数の減少がひどくなるため、そのような経営上の圧力は増えます。

　保育所等の利用者が減るにもかかわらず、保育所等の定員は増え続けるため、定員充足率はさらに低下します。おそらく2022年には保育所等の定員充足率が90％を割り込み、2025年には85％程度まで低下します。

待機児童の数値上の解消

　三つ目は、待機児童の解消が数値上は進むことです。この10年ほどの間、保育を巡って最も国民的に関心の高かったことは、待機児童問題でしょう。施策内容の是非はともかく、政府も待機児童対策を重視しており、保育所等の整備は待機児童対策を軸に進んできたと言っていいでしょう。

　政府が待機児童としてカウントしている児童数は限定的であり、深刻な事態を反映できていません。その点を確認した上で、政府が発表

している数値に基づき待機児童数の推移を見ます。2010 年の待機児童は 2 万 6275 人、その後しばらくは 2 万人台で推移し 2017 年は 2 万 6081 人でした（厚生労働省「保育所等関連状況とりまとめ」各年 4 月 1 日時点）。2018 年には 1 万 9895 人と 2 万人をきり、2020 年は 1 万 2439 人まで減少しています。2020 年で待機児童の 77.2% は 1 歳、2 歳児で 9603 人です。

　さて、2021 年に生まれた子どもは 2023 年には 2 歳になり、2022 年に生まれた子どもは 2023 年に 1 歳になります。先に見ましたが、2021 年と 2022 年に生まれる子どもは 14 万人程度減り、147 万人程度になりそうです。一方、2020 年で 1 歳、2 歳児の 50.4% が保育所を利用しており、年間 2% ずつ利用率が上がると 2024 年には、58.4% の子どもが利用します。そうしますと 2024 年に保育所を利用する 1 歳児、2 歳児は 86 万人です。

　2020 年で保育所を利用している 1 歳、2 歳児は 95 万 8288 人ですから、10 万人程度利用者が減ります。幼稚園の認定こども園化が進むため、先に見たように 2025 年までに 8 万 5000 人程度 3 号認定の定員が増えそうです。

　これらをまとめますと、2020 年で待機児童の 77.2% は 1 歳、2 歳児で 9603 人です。2024 年には保育所を利用する 1 歳、2 歳児が 10 万人程度減り、反対に 3 号認定の定員は 8 万 5000 人程度増えそうです。このような状況を踏まえますと、子どもが集中しているごく一部の地域を除き、遅くとも 2024 年頃には待機児童問題が、政府が公表している数値上では解消されると思われます。

多くの保育所で定員割れが現実化

　保育所利用者数がおそらく 2022 年から減少に転じること、保育所等の定員充足率が大幅に低下すること、2024 年頃までには待機児童問題

が政府公表の数値上では解消されること、これらの結果から導かれることは、2025年頃までに少なくない保育所が定員割れに直面するということです。

　子どもの数は減り続けましたが、女性の就業率上昇に伴い、保育所の利用者は増え続けました。その利用者増に定員増が追いつかず、保育の質を犠牲にした様々な対策が進められました。定員が足りないため待機児童が発生しており、普通に考えると定員増を図るべきですが、規制緩和を行い子どもを詰め込んで待機児童を解消しようとしたのが弾力化でした。他の先進国では考えられない対策です。

　保育所の急増と共に保育士不足が深刻になりました。保育士資格保有者が足りないのではなく、仕事に見合った処遇がされていないため保育所で働く人材が不足しているのです。これも普通に考えますと、仕事に見合うだけの処遇改善を進めるべきです。しかし、保育士資格がなくても保育者になれるような規制緩和を行い、抜本的な処遇改善を進めず、保育者確保を進めました。

　このような様々な施策が展開されてきましたが、その根底にあったのは保育所の利用者が増え続けるという前提でした。ところが、この大前提が2025年あたりまでに変わろうとしています。少子化が改善されなければ、いずれ保育所の利用者が減ると考えられていましたが、その時期は10年以上先のことだろうと思われていました。しかし、新型コロナ感染症の結果、それが目前に迫っています。確かに、新型コロナ感染症が収束しますと、2021年、2022年に出産を控えていた方が出産し、少子化の進展予測が新型コロナ感染症が蔓延する前の状態に戻るかもしれません。しかし、出産を控えていた方が、すべて出産に踏み切るとは考えにくく、またコロナによる経済的な落ち込みから元に戻るまでには数年から10年程度かかりそうです。そのようなことを考慮しますと、2025年頃には少なくない保育所で定員割れが生じ、保

育所利用者は増え続けるという大前提が 180 度変わります。

保育所における 2025 年問題

　高齢者分野では 2025 年問題が議論されています。戦後 1947 年から 1949 年の第一次ベビーブームで生まれた方を団塊の世代と呼んでいますが、その方々が 2025 年には全員、後期高齢者になります。高齢者が要介護状態になるのは、後期高齢者になってからが大半です。そのため、2025 年までに地域で高齢者が暮らし続けられるような対策を確立しなければ、介護難民が発生し、大変なことになります。そこで高齢者分野では 2025 年問題が重視されています。

　日本の人口減少予測は先進国 1 位です。それを打開するために地方創生に取り組みましたが、成果は上がっていません。そこに新型コロナ感染症が起こり、少子化の進捗が数年から 10 年程度早まりそうです。その結果、保育所利用者が増え続けるという大前提が、2025 年あたりまでに 180 度転回し、保育所利用者が減少する時代に突入します。これを本書では保育所における 2025 年問題と呼びます。

　保育所は利用者が増えるという前提で様々な施策が講じられてきましたが、今後はその前提が変わるため、施策のあり方を根本から考え直さなければなりません。また、保育所の改善は、保護者、保育労働者、市民らの運動によって進められてきた側面が多かったと言えます。今後もそれは変わらないと思いますが、保育所を巡る大前提が変わるため、運動の方向性についても再確認が必要だと思います。

3 章

2020 年代、公立施設の統廃合と
児童福祉法第 24 条第 1 項の廃止が焦点

　政府も保育所の利用者が減少することは折り込み済みです。では、政府はそのような事態を迎えるにあたって、どのように対応しようとしているのでしょうか。そして、2020 年代はどのように保育制度と保育所を変えようとしているのでしょうか。3 章では、この点を考えます。

1　政府はどのような制度改正を考えているか

新子育て安心プランの問題点

　政府は待機児童対策として、2021 年度から「新子育て安心プラン」（以下「新プラン」と略します）をスタートさせました。新プランは、2021 年度から 2024 年度までの 4 箇年計画です。目標は約 14 万人分の保育の受け皿整備を行うことです。2020 年度までの待機児童対策である子育て安心プランでは、女性の就業率（25 歳〜40 歳）を 80％ としていましたが、新プランでは 82％ まで上がると想定し、目標値を設定しています。

　新プランには、保育補助者雇用強化事業が含まれています。これは保育所に保育士資格がない人を保育士の補助者として雇う制度です。保育とその補助を線引きすることは不可能に近く、補助者を保育者として位置づけるようになりますと、保育所で保育士資格のない人が保育に係わるという深刻な事態を招くでしょう。

　また、新プランでは短時間勤務の保育士について要件を大きく緩和

しています。今までは各組やグループに1名以上の常勤保育士を置かなければなりませんでしたが、今後は1名の常勤保育士の代わりに2名の短時間保育士を充ててもよいとしました。この考えですと、短時間保育士だけで保育所運営が可能になります。

　保育士が不足しているのは事実ですが、その大きな理由は業務に比べて処遇が低いということです。ここを大きく改善せずに、資格のない人でも可、短時間でも可という形で、次々と緩和しますと、保育の専門性が確保できず、適切な保育を提供することが難しくなります。

　新プランでは、環境面でも大きな問題を抱えています。たとえば「幼稚園と併設する小規模保育事業の利用定員上限の弾力化」が始まります。小規模保育事業の定員は19人以下ですが、幼稚園に併設する場合は22人まで受入可となります。保育所を増やすのではなく、たくさんの子どもを詰め込めるように基準を緩和するわけで、先進国が考える施策ではありません。

　政府が進めてきた待機児童対策は、女性の就業者を増やすための施策であり、子どもに適切な保育を保障するという点が欠落していました。質を犠牲にして量を拡大させたといえます。新プランもその延長線上にあります。

子ども庁は何を目指しているのか

　コロナ禍の中で子ども庁構想が急に動き出しました。2021年4月には内閣府、文部科学省が各々、子ども庁構想案を出していますが、その中心は、幼稚園、保育所、認定こども園を新たに設置される子ども庁に一元化するという内容でした。もしこの方向で具体化が進めば、子ども庁は2015年からスタートした新制度の第2段階になったでしょう。

　しかし、それに先立ち2021年2月から自民党国会議員による「Children First の子ども行政のあり方勉強会」がスタートし、3月に「『こ

ども庁』創設に向けた緊急提言」が発表されています。そこでは子ども庁について、「子どもに関する課題（子どもの虐待、自殺、事故、不登校、いじめ、貧困、DV、非行、教育格差等）の網羅的・一元的把握と医療・保健・療育・福祉・教育・警察・司法等の各分野における子ども関連施策について、縦割りを克服し府省庁横断の一貫性を確保するための総合調整、政策立案、政策遂行の強い権限をもたせる」としていました。また、5月に「こども庁創設に向けた第二次提言」を発表していました。そこでも子ども庁が持つ権限は、「現業実施ではなく」「強い調整機能権限」と書かれていました。

　これらを素直に読めば、幼稚園、保育所、認定こども園を子ども庁に一元化するのではなく、それらは各省庁が所管し続け、それらを調整する権限を子ども庁が持つ提案です。

　そして2021年6月18日「経済財政運営と改革の基本方針2021」（以下「骨太方針」と略します）が閣議決定されました。そこで「日本の未来を拓く4つの原動力」が示されましたが、そのうちの一つが「少子化対策」です。そこでは様々なことが書かれていますが、少子化対策の中心は子どもの貧困、児童虐待、障害、重大ないじめ、子どもに対するわいせつ行為などです。そして「こうした機能を有する行政組織を創設するため、早急に検討に着手する」と書かれています。この行政組織が子ども庁のことです。

　自民党の勉強会、骨太方針では、幼稚園、保育所、認定こども園の一元化は書かれていません。骨太方針を取り上げたマスコミなどは「幼保一元化は見送り」（読売新聞オンライン、2021年6月8日）、「幼保一元化には踏み込まず」（東京新聞 TOKYO Web 2021年6月18日）と書いていますが、そもそも政府や自民党には、幼保一元化を進める考えがなかったため、骨太方針にも書かなかっただけだと思います。先に書きましたが、4月に内閣府、文部科学省が子ども庁に関する構想案を

発表しましたが、それは一元化する場合は自分の省に一元化すべきという意見表明にすぎません。

政府は保育所をどのように変えようとしているのか

　1章でも書きましたが、新制度の議論が始まったきっかけは、保育を景気対策として位置づけたからです。しかし、今回の骨太方針ではコロナ後の景気対策はグリーン（カーボンニュートラル、再生可能エネルギー）とデジタルであり、保育部門を景気対策として位置づける動きはありません。また、新制度の議論を始めた民主党政権は、長年の自民党政権が作り出した縦割り行政の象徴として保育所と幼稚園をとらえ、それらの一元化を進めようとしました。しかし、子ども庁の動きを見ても現在の自公政権はそのような考えを持っていません。さらに、第二次安倍内閣以降、1章で書いたように人手不足が深刻になり、待機児童対策が労働政策として位置づけられ、強力に進められました。しかし、新型コロナ感染症によって景気が落ち込み、有効求人倍率も2020年は1.18まで低下し、人手不足は今のところ解消されています。

　一方、厚生労働省は保育所利用者のピークを2025年と予測しています（厚生労働省「保育を取り巻く状況について」2021年5月）。ただし、この予測のベースとなる児童数は国立社会保障・人口問題研究所の予測値を使っています。2章で見たように、児童数はその予測値を大きく下回って推移しているため、ピークは1〜2年、早まると思われます。

　このような状況で政府が保育所等の量的拡大を続けるとは思えません。では、政府は保育をどのように変えるでしょうか。骨太方針で重視されているのは、子どもの貧困、児童虐待、障害、重大ないじめ、子どもに対するわいせつ行為などです。これらは国民の関心も強く、政府も子ども庁を設置して、これらの対策を進めざるを得ないでしょう。その場合、どのようにして進めるかです。一つは、NPOなど民間活力

を利用して進める方法です。もう一つは、既存の公立施設を活用する方法です。

　公立保育所、公立認定こども園を地域の拠点園と考え、虐待を受けている子ども、障害程度の重い子どもなど、一般的な保育では受け入れにくい子どもを重点的に受け入れるようにするのではないかと思われます。つまり、公立施設の役割を骨太方針で示した方向に矮小化するということです。

　そうすると、一般の保育は私立保育所、私立認定こども園が担うことになります。公立施設は狭い意味での福祉的役割を担い、一般的な保育は私立施設が担うという方向性です。私立幼稚園は元々直接契約ですし、私立認定こども園は児童福祉法第 24 条第 2 項に位置づけられる直接契約の施設です。それに対して私立保育所は児童福祉法第 24 条第 1 項に位置づけられていますが、他の私立施設と同じように位置づけるために、児童福祉法第 24 条第 1 項を廃止し、保育所を第 2 項に位置づけ直すことが進められると思われます。

　公立施設の役割を狭い意味での福祉的役割に限定することと、私立保育所を児童福祉法第 24 条第 2 項に位置づけられる直接契約施設に変えることは一体です。

　保育所の量的拡大が当面の課題から外れ、一方では骨太方針で書かれたような対策を進めざるを得ない状況の下で、いま述べたような方向で、保育制度改革を進めようとするのではないかと思います。

2　自治体は保育所などをどうしようとしているのか

新たな段階に直面する公立保育所の統廃合

　2000 年頃から、市町村が公立保育所の民営化、民間委託を始めました。保育所の利用者は増え続けていましたが、主としてコスト削減を

理由として、公立保育所の民営化を進めました。公立保育所を私立保育所に変えても定員は減らず、コストだけが減るという理由で民営化を進めました。

　また、2010年代に入ると、定員割れが目立ってきた公立幼稚園と、公立保育所を統合し、認定こども園化を進める市町村が増えました。この場合は、公立幼稚園では定員が空いているが、保育所では定員が不足している。そこで、公立施設を有効に活用するために認定こども園化を進めるという理由でした。

　さて、2章で書きましたが2022年頃には一部の地域を除いて待機児童が解消し、保育所の利用者も減少に向かうと思われます。保育所の定員充足率も低下し、公立保育所でも定員割れが目立つようになると思われます。

　今までのように、保育所の利用者が増えているにもかかわらず民営化、統廃合していたのとは異なり、保育所利用者が減少する中で、民営化、統廃合を進めることになり、新たな段階に突入すると考えた方がよさそうです。

　おそらく市町村は、「定員が空いているからムダ」「私立保育所の経営を圧迫しないように公立保育所を減らす」「一定の子ども数を確保しないと集団保育ができないから統廃合する」等という理由を掲げるでしょう。保育所の利用者が増えている時期とは異なり、保育所利用者が減る時代ですから、市町村の掲げる理由に一定の説得力がありそうです。

地域で起こる変化

　どの市町村が、どのように動くかは分かりませんが、多くの市町村は公立施設の民営化、統廃合を進め、公立施設の拠点化を図ると思われます。拠点化には様々な意味がありますが、先に述べたように政府

が狭い意味での福祉的役割を地域で担うという拠点化を進めるのであれば、市町村もそれに沿って対応すると思われます。政府がそのような拠点化に財政的インセンティブをつければ、我先に進めようとする市町村が増えるでしょう。

　中には、そのような拠点化すら進めず、公立施設を全廃しようとする市町村も出てくるでしょう。すでに大阪府箕面市は公立保育所、公立幼稚園は全廃するという方針を示しており（箕面市「箕面市新改革プラン」2021年2月）、このような市町村も増えると思われます。

　このような方向性が強まると2020年代、地域では以下のような変化が生じると思われます。

　・認定こども園は増加し続け、2025年頃には保育所を上回る（第6章で後述）。大半の認定こども園は私立認定こども園。

　・地域型保育事業の開設数は鈍化し、一部では廃業し出す。

　・私立幼稚園の認定こども園化が進むが、ブランド力のある私立幼稚園は幼稚園のまま存続する。

　・私立保育所の認定こども園化が進み、市町村との関係も希薄になる。

　・公立保育所、公立幼稚園は統廃合して認定こども園になるところが増え、全体として公立施設数が減少する。また公立施設は拠点化され、私立では受け入れにくい子どもを中心に担当するようになる。

3　保育制度改革の流れ

第1ステージ：2000年代

　ここで保育制度改革の流れを概観しておきます。制度は常に動いていますが、保育制度と保育所が大きく変わり始めたのは2000年代に入ってからです。2000年代に入り、民間企業が保育所を設置できるよう

になりました。営利企業の参入を認めたわけで、大きな変化だったといえます。

また、2000年代に入ってから、市町村が公立保育所の民営化を進め出しました。このときの理由は、市町村の財政難を背景に、公立保育所は市町村の財政負担が私立保育所より大きいというコスト論でした。

第2ステージ：2010年代

2013年から待機児童対策が政策化され、2015年から新制度が始まり、2019年から無償化がスタートし、保育制度が大きく変わった10年間でした。保育所が雇用対策に組み込まれ、それまでとは一変して、保育所等の量的拡大が図られました。質を犠牲にした保育所等の量的拡大、保育士資格がなくても保育者になれる規制緩和、国の基準を満たさない施設、事業を無償化の対象に含めるなど、大きな変化が生じました。

自治体レベルでは、公立保育所の民営化が引き続き進む一方で、新制度では認定こども園、地域型保育事業が児童福祉法第24条第2項に位置づけられ、市町村との関わりが薄くなりました。また、市町村は企業主導型保育事業にほとんど係わらず、第24条第2項との関係すら疑問に思えるようなことが生じました。

第3ステージ：2020年代

2020年代がどのように進むかはまだ分かりませんが、政府の思惑に沿って事態が進んだ場合、以下のような事態が想定されます。まず、公立施設の役割が、狭い意味での福祉的役割に矮小化され、施設数も大きく減少することです。もう一つは、通常の保育は私立施設が担うことになり、児童福祉法第24条第1項が廃止され、私立保育所と市町村の関係が希薄になることです。

4　章

公立保育所の役割

　政府は公立施設の役割を狭い意味での福祉的役割に矮小化し、公立
施設を縮小、場合によっては全廃しようとしています。はたしてその
ような考え方でいいのでしょうか。4章では、コロナ禍を踏まえ、公
立施設をなぜ残さなければならないのか、公立施設が地域でどのよう
な役割を果たさなければならないかを整理します。また、公立施設を
地域に一定数残すことが、私立施設にとってどのような意味があるか
についても考えます。

1　地域における保育の質、量に責任を持つ役割

地域において保育の必要量を確保する

　児童福祉法第 24 条第 1 項では、「市町村は…保育を必要とする場合
…当該児童を保育所において保育しなければならない」としています。
この条文を素直に読むと、市町村は地域で必要な保育の量を確保しな
ければならないため、待機児童は発生しないはずです。保育所には公
立保育所と私立保育所があり、両者で地域における保育の必要量を確
保するのが基本です。しかし、私立保育所はその法人の考え方に基づ
いて、どこに保育所を開設するかを決めます。そのため、地域で保育
所が不足していても、その地域に保育所を開設してくれる法人が存在
しない場合もあります。たとえそのような場合であっても、保育を必
要とするすべての子どもが保育所に入所できるようにするのが市町村

の責務です。そのため、市町村は市町村の判断で整備できる公立保育所を軸として、地域における保育の量を確保すべきです。

　地域で必要な保育の量を確保しなければなりませんが、一定量が確保できればどこに開設してもいいとはなりません。後述しますが、できる限り子どもたちは家の近くの保育所に通い、小学校に進学する際も保育所の人間関係が継続できるようにすべきです。また、保育所での保育は園内で完結せず、散歩などで地域に広がります。保育所は公園の近くに立地させることが望ましく、逆に幹線道路には接しない方がいいでしょう。保育所は学校、公園、道路などと同じで、まちづくりに位置づけて他の公共施設との関係を考慮し、計画的に整備すべきです。公立保育所は公共施設であり、まちづくりの一環として計画的に整備することができます。地域のどこに保育所を整備するかは保育にとって重要であり、公共施設として計画的に整備可能な公立保育所を保育所整備の基本に位置づけるべきです。

　地域における保育の必要量は年によって変動します。公立保育所の運営費は一般財源になっており、園児が増減しても財政的には支障ありません。また、施設に一定の余裕を持たしておけば、園児が増えた年でも対応できます。公立施設の場合、市町村の判断で余裕を持たせた施設整備が財政的に可能です。逆に園児が長期的に減りそうな場合、公立施設であれば比較的容易に閉鎖できます。地域で一定量の公立施設が存在しておれば、利用者の増減にも対応できます。

地域の標準的保育を実施し、地域における保育水準を保つ

　公立施設は地域の標準的な保育を行います。それに対して、私立施設は法人の考え方に基づき特色ある保育を実施します。公立施設が標準的保育を実施することで、その地域の保育水準を一定以上に保つことができます。また、標準的保育は固定されたものではありません。時

代と共に発展するため、地域全体の保育水準を徐々に引き上げていく
ことが可能です。

　地域全体の保育水準を引き上げるためには、公立保育所、私立保育
所、幼稚園、認定こども園などとの交流が不可欠です。そのような交流
を、私立施設が核になって進めるのは困難です。私立施設の場合、同
一法人内の施設間での交流は容易ですが、法人を越えた交流は簡単で
はありません。公立施設が核になることで、法人の違いを越えた私立
施設との交流が進み、地域の保育水準の向上を図ることができます。

　新制度は民間中心の制度であり、2章で見ましたが、私立施設が増
えています。今後、子ども数が急速に減りますと施設間で子どもの獲
得競争が過熱しかねません。子どもを獲得するために過剰な宣伝、過
度の特色化に進むかもしれません。そのようなときに、競争に巻き込
まれない公立施設が地域に一定数存在すれば、競争を抑制することが
できます。

　私立施設は法人の考えに基づいて特色ある保育を展開します。標準
的な保育を実施する公立施設が存在するため、私立施設の特色が明確
になります。標準的な保育が存在しないときに特色をわかりやすくし
ようとすると、過剰な特色化になりがちです。公立施設の存在が私立
施設の特色をわかりやすくしていると言えます。

　さらに、公立施設が標準的であるため、私立施設が施設運営等で判
断に迷った場合、公立施設での取り組みを参照することができます。

　公立施設は、子どもの状況、保護者の状況、国籍、信条に関係なく
すべての子どもを受け入れることが可能です。外国籍の子どもが増え
ていますが、地域にキリスト教系、仏教系の施設しかなければ、イス
ラム教系の子どもは地域の施設に行くのが難しくなります。今後、国
際化が進みますと、すべての子どもに門戸が開かれた公立施設の重要
性が高まるでしょう。

2 地域全体の子育て力向上を進める役割

就学前の子育てに責任を持つのは、家庭、子育てに関係している各種施設です。同時に地域全体で子育てに関わり、地域全体で子育てをサポートするような社会が望まれます。しかし直接、子育てに関与していない施設、組織の子育て力を引き上げるのは簡単ではありません。子育て力は講演を聴いただけで身につくようなものではなく、子どもに関わる中で理解が深まり、身につき、向上するものです。

地域で子どもの安全を確保するためには、地域住民による見守りなどが不可欠です。また、高齢者との交流は、子ども、高齢者の双方にいい影響を与えます。子どもたちが地域のイベントに参加することで、様々な経験を積むことができ、イベントも活性化します。しかし、私立施設が地域の各種施設、組織との連携を築くのは簡単ではありません。公立施設は行政機関です。そのため、地域の各種施設、組織と連携をとることが比較的容易です。公立施設はその優位性を生かし、地域の各種施設や組織との連携を中心的に進め、私立施設と共同し、地域の子育て力を引き上げなければなりません。

公立施設は行政機関であるため、地域の子ども全体に責任を負います。子育て支援センター等と連携し、保育所や幼稚園、認定こども園などを利用していない家庭に対する支援を行うべきです。

3 行政の改善、行政計画の策定に関わる役割

市町村は、子ども・子育て支援事業計画をはじめ、子育てに関する様々な計画を策定します。そしてそれらは地域の子育て環境にとって極めて大きな影響を与えます。公立施設は行政の一機関であり、公立

施設での保育実践、公立施設による地域の状況把握を、市町村が策定する各種計画、施策の立案、改善に直接生かすことができます。

　公立施設がある場合、現業部門である公立施設と市町村保育課の人事交流を通じて、現場と事務の交流を進め、双方の理解を深めることができます。公立施設で一定の経験を積んだ保育士を事務部門である保育課に配置することができます。

　また、公立施設の職員が子育てに関する各種公共施設（児童館、病院、図書館など）、他部門と経験交流、人事交流などを行い、行政全体、各種施設職員の子育て力向上を進めるべきです。行政の様々な業務の中に地域の子育て力向上という視点を位置づけるべきです。

　市町村にとっても公立施設の存在が重要です。先に述べましたが公立施設を通じて子どもの状況を直接、把握できます。また、市町村の考えをまず、公立施設で展開し、是非を判断することもできます。私立施設の場合、市町村の考えを受け入れるかどうかは、法人の判断によりますが、公立施設の場合は、市町村の方針をストレートに保育現場に反映することができます。

4　地域のセイフティネットの中心を担う役割

　公立施設は行政機関であり、地域の様々な関係機関と連携し、養育困難な家庭への対応、虐待を受けている子どもへの対応、障害のある子どもの受け入れ、医療的ケアの必要な子どもの受け入れなどを積極的に進めるべきです。もちろん私立施設でもそのような対応は必要です。しかし、虐待を受けている子どもの場合、子どもへの対応だけでなく家庭への対応も必要であり、様々な関係機関との連携が重要となります。そのような関係機関との連携を私立施設が行うのは簡単ではありません。

　障害のある子どもを受け入れる場合、加配が必要です。私立施設が受け入れる場合も、市町村は加配に必要な財政支援をすべきですが、その都度、経験ある保育士を雇用できるとは限りません。公立施設で常に一定数、障害のある子どもを受け入れていれば、その担当保育士を常勤で雇用することが可能です。

　最近、配慮が必要な子ども、家庭が増えています。公立施設は、一般財源になっているため、私立施設に比べると、財政的な柔軟性が高いと言えます。そのため、子どもや保護者にとって必要な支援を進めることができ、子ども、家庭が安心して依拠できるセイフティネットとしての役割を地域ではたすべきです。

　新型コロナ感染症が広がる中で、保育所は地域のエッセンシャルワーカーの就労を保障する施設として注目されました。子育て中の医師、看護師が働くためには、子どもを保育所に預けなければなりません。保育所は、地域医療を維持するために欠くことができない存在です。これは公立、私立に関係なく保育所がはたすべき役割です。

　一方、保育所内で陽性者が発生した場合、保育所を休園することがあります。また、コロナ禍の中で保育者を確保できず、閉鎖を余儀なくされた地域型保育事業などがありました。そのような場合、エッセンシャルワーカーやコロナ禍でも働かざるをえない家庭の子どもをどこかで保育する必要があります。福岡県北九州市や大阪府八尾市では、公立保育所の保育士や保育士資格を持つ市の職員が、市内の公共施設内で緊急に保育を行いました。地域医療を崩壊から防ぐためには、地域で一定数の子どもを保育できる体制を築かなければなりません。感染症や自然災害の中で、公立保育所は子どもの受け入れ、保育士の派遣などを通じて、地域レベルで保育を保障するセイフティネットの役割をはたすことができます。

　新型コロナ感染症を想定して様々な対応を準備していた施設はあり

ません。しかし、コロナ禍の中で保育をするためには今まで経験したことのない様々な対応が求められました。個々の施設で一から、対応方法を検討するのは時間的に困難です。そこで市町村の保育課が、公立施設の意見を聞きながら、厚生労働省の指針等および地域の実情を踏まえ、公立施設で活用するコロナ対応マニュアルを作成しました。そしてそれを市内の私立施設にも普及するようなことがありました。新型コロナ感染症の中で、公立施設がさまざまな対策を先行的に実施し、効果的な取り組みを地域の私立施設に普及する役割を担ったと言えます。

5　保育士の専門性の向上、労働条件の改善を主導的に進める役割

すでに見たように、政府が進める保育に関する規制緩和の焦点は保育士資格がなくても保育者になれることです。また、保育所などでは保育士の非正規化が進んでいます。保育士資格がなくてもよい、不安定な雇用形態でもかまわないということは、保育の専門性を評価していないということです。そのような動きに対して、公立施設で保育士の正規化、労働環境の改善を進め、優れた保育を展開し、同時に保育の専門性がいかに重要かを、事実を持って市民に伝えるべきです。

また、公立施設で進める保育者の正規化、労働条件の改善を市町村の施策で私立施設にも波及させるべきでしょう。

公立施設が地域の標準的な保育を実施するということは、公立施設職員の専門的水準が地域全体の標準になるということです。市町村は研修等を通じて公立施設職員の専門性向上を進めなければなりません。同時に、経験豊かな保育士から20代の保育士まで、バランスの取れた年齢構成を保障し、職場で様々な経験が蓄積、継承されるようにすべ

きです。

　そして、公立施設が中心となって地域レベルでの経験交流、公私間の人事交流等を行い、地域全体の保育士の専門性を高めるようにすべきです。

6　人口減少地域で子育て環境を維持する役割

　２章で見ましたが、日本全体で人口が減少しています。ただ一様に減少しているのではなく、首都圏には若者を中心に人口が集中しています。都市圏レベルで見ますと、大都市中心部へ人口が移動しています。このような、地方から東京へ、郊外から中心部へという移動が続いています。その結果、地方や郊外では、子どもの減少が顕著になり、保育所などの統廃合が進んでいます。保育所などが減りますと、自宅近くに保育所などがなくなり、子育てがしにくく、若者たちの流出を後押ししています。つまり、地方、郊外では「子どもが減少→保育所などの統廃合→子育て環境の悪化→若者の転出→子どもが減少」という悪循環が発生しています。

　保育施策は子育て環境を充実させるための施策です。ところが、子どもの減少を理由とした保育所などの統廃合は、子育て環境を悪化させ、子どものさらなる減少を引き起こしています。つまり、保育施策が子どもの減少を引き起こす原因になっています。

　市町村は、地方や郊外で子どもが減っても、保育所などを維持し、子育て環境が悪化しない取り組みを進めるべきです。確かに現在の保育単価は利用者数を基本にしており、利用者数が減少し続けますと、私立施設の場合、施設の維持が難しくなります。本来は、保育単価に加え、地域に一定数の保育所などを維持できるような国の財政的保障が必要です。

　しかし、公立施設は一般財源化されているため、利用者が減少しても市町村の判断で、施設を維持することが可能です。先に書いたような国の財政的保障ができるまでは、市町村負担で公立施設を中心に保育施設を維持し、子ども数の減少が、地域の子育て環境の悪化につながらないようにすべきです。

　広域自治体である都道府県は市町村のそのような財政負担の軽減措置を制度化すべきです。

7　少子化対策を進める要としての役割

　公立施設がいま述べた1〜6の役割を果たせば、国家的な課題である少子化対策を地域で進める要になります。少子化対策に失敗すると日本は間違いなく行き詰まります。2章で見ましたが、残念ながら今のまま推移しますと少子化対策に失敗するでしょう。公立施設を要とした保育施策の充実が日本を救う鍵といっても大げさではありません。

　少子化対策の成否は国家レベルだけでなく、地域の存亡に直結します。地域の少子化対策を成功させるためには、公立施設が1〜6の役割を発揮することが不可欠です。市町村は人口ビジョンを作成しています。しかし、国と同じで人口ビジョンに掲げた目標値を今のところ下回っている市町村の方が多いと思います。そのようなときに公立施設を民営化、統廃合すると、ますます人口減少の度合いが大きくなるでしょう。

　残念ながら少なくない市町村が公立施設の統廃合、民営化を進めています。そのような市町村は公立施設の役割を正しく認識せず、少子化対策を進める際の要となる施設を自ら潰しています。そのような市町村は公立施設に対して必要な予算措置を講じていないため、公立施設の可能性を自ら摘み取っています。一刻も早く、そのような状態を

是正し、公立施設が本来の役割をはたせるような状態を創り出さなけ
ればなりません。

（注）
　　本章では、自治労連保育部会提供資料「保育実態調査」2021 年 1 月集計およ
　び大阪自治労連提供資料「民間保育園アンケート結果」2021 年 7 月集計を参照
　しています。

5　章

地域でどのように保育所を整備すべきか

　地域で保育所や幼稚園の定員がどの程度必要かは需要調査を元に検討します。しかし、地域に何箇所程度の幼稚園、保育所が必要かは十分議論されていません。また、3章で書きましたが今後、行政は公立施設の縮小を進めると思われます。それに対して公立施設が4章で述べたような役割を発揮するためには、最低どの程度の公立施設が地域に必要なのでしょうか。5章ではこれらの点を考えます。

1　日常生活圏を基礎単位とした公共施設整備

日常生活圏とは

　インターネットで日常的に繋がる範囲は世界的に広がっていますが、人々の日常的な行動範囲は限定されています。生まれたときは1日中ベットの上で過ごします。ハイハイするようになると行動範囲は部屋レベルに広がり、伝い歩きを始めると家屋内まで広がります。2歳ぐらいになると家の近所まで行動範囲が広がり、小学生になるとおおよそ小学校区内が行動範囲となります。中学、高校になると日常的な行動範囲はさらに広がり、社会人になると都市レベルまで広がります。その後、引退すると行動範囲は次第に縮まり、要介護状態になると日常的な行動範囲はさらに狭くなります。

　日常的な行動範囲は個人によって異なりますが、子どもや高齢者のように、比較的行動範囲が限定されている人の日常的な生活の範囲を、

まちづくりでは日常生活圏と呼びます。日本をはじめ国際的に見ても、まちづくりは日常生活圏を基本単位として計画されてきました。日常的に利用する公共施設は日常生活圏との関係で整備し、医療機関などの公共的施設も同じように考えてきました。

　日常生活圏の範囲ですが、都市部ではおおむね小学校区になります。小学校区の広さは地域で異なりますが、日本の場合、だいたい1小学校区は1km^{2}です。1km^{2}ですから徒歩で移動できる範囲です。人口はおおよそ1万人です。地域によって異なりますが、都市部の場合、人口20万人の市の場合、小学校は20校程度あるはずです。

暮らしやすい地域とは

　日常生活圏は子どもや高齢者の日常的な生活範囲のまとまりを意味します。そのため、子どもや高齢者が日常的に利用する施設は、日常生活圏との関係で整備すべきです。小学校はもちろんですが、保育所、幼稚園、公園、図書館などがきちんと整備されている日常生活圏は子育てしやすい地域です。高齢者が日常的に使う施設、文化施設、コミュニティ施設、医療機関、介護施設などが整備されている地域は、年を取っても暮らしやすい地域です。

　最近は、日常生活圏を考慮せず公共施設の統廃合が進められ、地域から日常的に利用する公共施設がなくなっています。このような地域は暮らしにくい地域です。

日常生活圏はコミュニティの基礎単位

　日常生活圏は個人の日常的な生活の広がりであると同時に、コミュニティを形成する社会的な基礎単位でもあります。連合町内会、婦人会、老人会などは小学校区単位で組織される場合が多いと思います。

　コミュニティのまとまりを形成する場合、あまり範囲が広いとまと

まるのが難しくなります。都市部では徒歩もしくは自転車で集まれる範囲が適切です。

　また、地域で市民が議論する場合、地域の具体的なイメージの共有が必要です。一般的な市民が地域のイメージを共有できる範囲はだいたい小学校区程度です。

2　日常生活圏を基本とした保育所などの整備

日常生活圏を単位として保育所などを整備する

　保育所、幼稚園、認定こども園などは日常生活圏を単位として整備すべきです。そして日常生活圏内に住む子どもが希望すれば、その日常生活圏内の保育所などに通うことができるようにすべきです。大人の場合、日常生活圏内の移動は徒歩もしくは自転車で十分です。バスや車で何十分もかけて通園するのは不自然ですし、子どもはもちろん保護者にとっても望ましくありません。新制度では、教育・保育提供区域を定め、この区域内で保育などの需要を満たすようにしています。しかしこの区域はかなり広く設定されいる場合が多く、狭くても中学校区、広い場合は複数の中学校区程度（人口10万人ぐらい）になっています。本来はこの教育・保育提供区域を日常生活圏（1小学校区）にすべきです。

　保育所などは小学校、学童保育との連携が大切です。子どもたちは日常生活圏内にある保育所などに通い、その地域の小学校に進学します。そうすれば保育所などの人間関係が小学生になっても引き継げます。日常生活圏を基本に保育所などや小学校を整備すれば、小学校、学童保育と保育所などの連携も進めやすくなります。現状では一つの幼稚園から複数、多い場合は10以上の小学校に進学しています。このような状況ですと、小学校も保育所や幼稚園と連携することが難しくな

ります。また保育所などと小学校が近接していれば日常的にも連携が進めやすくなります。5歳児になると小学校を活用するような保育内容を設定すればいいでしょう。

　日常生活圏内にある保育所、幼稚園、認定こども園も積極的に連携すべきです。各種行事を合同で行い、定期的に合同保育を実施すればいいと思います。そうすれば日常生活圏内で施設を越えた人間関係が形成ができ、異なる施設に通っていても、小学校入学前に知り合いになることができます。このような連携も、広域で進めるのは無理です。

　保育所などはコミュニティとの関係が大切です。各種コミュニティ組織、自治連合会、老人会、PTA等との連携も強めるべきです。子どもたちが小学校区内の保育所などに通う場合、組織的な連携がスムーズに進みます。地域によっては商店街振興組合、農家、各種高齢者施設等との連携も考えられます。

保育所、幼稚園、認定こども園の適正規模

　保育所、幼稚園、認定こども園には最低基準があります。しかし最低基準で決めているのは、1クラスの上限、一人の保育士が担当できる上限です。施設全体の上限は特に定めていないため、クラス数を増やすか、保育士数を増やせば、施設全体の定員を際限なく増やすことができます。

　一人の教員や保育士が担当できる子ども数の上限を定めることは重要です。同時に施設全体の規模にも歯止めをかけるべきです。保育所などは、子ども同士、子どもと職員の人間関係が非常に大切です。100人ぐらいまでであれば、子ども同士が人間関係を築くことができます。また、職員も担当クラス以外の子ども、保護者を認識できます。それが150人を超えると難しくなり、200人以上ではほぼ困難になります。

　広範囲から子どもを集めようとすると施設規模が拡大します。日常

生活圏内の子どもを基本にすれば、大規模な施設は不要です。むしろ小規模な施設の方が開設しやすいといえます。

　保育所、幼稚園、認定こども園の施設規模は原則として 100 人以下を目安とすべきです。

どの程度の施設を整備すべきか

　2019 年 10 月 1 日時点で日本の総人口は 1 億 2617 万人です。0 歳～2 歳児は 278 万人で 2.2％、3 歳～5 歳児は 294 万人で 2.3％ です（総務省統計局「人口推計」より）。日常生活圏の人口はおおよそ 1 万人です。そこで人口 1 万人当たりで考えますと、0 歳～2 歳児は 220 人、3～5 歳児は 233 人です。2020 年 4 月時点で 0～2 歳児の保育所等利用率は 39.7％ です（厚生労働省「保育所等関連状況とりまとめ」2020 年 9 月）。0 ～2 歳児の 40％ が保育所等を利用するとすれば、利用者は 88 人です。3 歳～5 歳児は 233 人全員が保育所、幼稚園などを使うとします。

　仮に認定こども園 1 施設の規模を、3 歳～5 歳の各年齢は 20 人、0 ～2 歳は 25 人、合計 85 人で考えます。この規模の認定こども園を 4 箇所、1 小学校区内に設置しますと、3 歳～5 歳児の総定員は 240 人、0～2 歳の総定員は 100 人になり、先に想定した子どもたちはすべて日常生活圏内の施設に通うことができます。

　もちろんすべて認定こども園にする必要はありません。2 箇所を認定こども園、幼稚園と保育所が 1 箇所ずつでもいいと思います。1 小学校区（日常生活圏）に 80 人～100 人定員の施設を 4 箇所整備するイメージです。

3　どの程度の公立施設を整備すべきか

公立施設の必要量

　公立施設は地域の教育、保育水準の標準となります。そのため、日常生活圏内に設置する施設のうち、少なくとも1箇所は公立とすべきです。私立施設は法人の考えで特色ある保育を展開します。保護者の考えと法人の考えが同じであれば問題ありませんが、保護者の希望する私立施設がない場合、標準的な保育を実施している公立施設を選ぶことになります。そのため日常生活圏内に公立施設が少なくとも1箇所なければ、その日常生活圏内の施設に通うことができません。

　公立施設を統廃合し、私立施設では担当しにくい子どもを広範囲から集めるのは不適切です。障害程度の重い子どもや医療的ケアの必要な子どもであっても、すべての子どもが可能な限り日常生活圏内の保育所などに通い、その地域で成長できるように、公立施設を日常生活圏内に配置すべきです。もちろん公立施設には様々な子どもを受け入れ、ノーマライゼーションを体現すべきです。

　また、公立施設を中心に各施設、組織との連携を進めるためには、日常生活圏内に1箇所は公立施設が必要です。

　これらをモデル的に示したのが**図5-1**です。左側は、公立認定こども園が1箇所、私立認定こども園が1箇所、私立保育所と私立幼稚園が1箇所ずつです。右側は、私立認定こども園が2箇所、公立保育所と公立幼稚園が1箇所ずつです。いくつかの組み合わせが考えられますが、1号認定、2号認定、3号認定の子どもが日常生活圏内の公立施設に通えるように公立施設を配置すべきです。

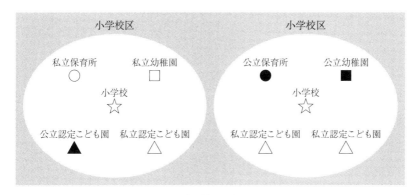

図 5 - 1　公立施設配置モデル図

出所：筆者作成

市町村の役割

　日常生活圏内に各種公共施設を整備する責任は市町村が負います。日常生活圏内に住んでいる子どもの場合、希望すればその日常生活圏内の保育所などに通えるようにすべきですが、その整備は市町村の責任です。どの保育所などに通うかは、保護者の意向を尊重すべきですが、調整は市町村の責任です。一時的に定員が不足する場合は、市町村の責任で公立施設を活用して定員を確保すべきです。

　公立施設でその地域の標準的な保育を実施し、その地域の保育の質を一定以上に保つのも市町村の責任です。私立施設は法人の考えで特色ある保育を実施してもかまいません。中には広範囲から子どもを集める施設もあるでしょう。しかしそれは例外で、私立小学校のような位置づけでいいと思います。子どもはその地域の保育所などに通うのが原則であり、私立施設も基本的には日常生活圏内の子どもに責任を負うべきです。

　日常生活圏内で就学前の子育て支援の多くを充足させ、その質を適切に保つのは市町村の責任です。

6 章

認定こども園化にどう対応すべきか

　保育所利用者の減少を見越して、公立保育所と公立幼稚園を統合し、認定こども園化する動きが広がっています。このような動きが全国的に広がると思われますが、そもそも認定こども園をどう考えればいいのでしょうか。認定こども園が抱える問題点はないのでしょうか。認定こども園化に対してどう対応すべきでしょうか。6章ではこれらの点を考えます。

1　認定こども園の状況

増加する認定こども園

　図6-1は保育所、幼稚園、認定こども園等の在籍園児の割合を見たものです。2015年は新制度が始まった年ですが、保育所が54.2%、次いで幼稚園が35.2%でした。2020年を見ますと、保育所が一番多いのは変わりませんが、比率は47.6%まで減っています。また、幼稚園と認定こども園が約25%でほぼ同じ値になっています。この変化率のまま推移すれば2025年には、保育所と認定こども園が約40%で在籍園児の割合がほぼ同じになります。

　子どもの数が今後、急速に減少すると、1号認定、2号認定、3号認定、すべての子どもを受け入れることができる認定こども園が**図6-1**の予測以上に増え、認定こども園の利用者が増えるかもしれません。政府も認定こども園を重視しているため、このまま推移しますと就学

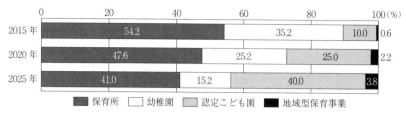

図6-1　在籍園児割合の変化

注：2015年、2020年は実績、2025年は筆者による予測。
出所：文部科学省「学校基本調査」、厚生労働省「保育所等関連状況とりまとめ」、内閣府「認定
　　　こども園に関する状況について」から筆者作成。

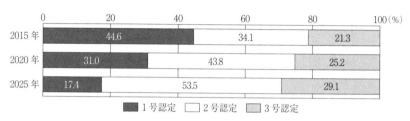

図6-2　認定こども園における在籍園児数の割合

注：2015年、2020年は実績、2025年は筆者による予測。
出所：内閣府「認定こども園に関する状況について」から筆者作成。

前児童が利用する施設として、認定こども園の比重が一層、高まると
思われます。

認定こども園の変化

　ただし、認定こども園を利用している子どもの状況も変わっていま
す。**図6-2**は認定こども園を利用している子どもを1号認定、2号
認定、3号認定に分けて割合を見たものです。認定こども園は幼稚園
と保育所を一体化したイメージで語られています。新制度が始まった
2015年は1号認定が約45％で一番多く、2号認定、3号認定は約55％
で、おおむねイメージ通りでした。しかし2020年では、1号認定は31
％、2号認定と3号認定が約69％になっています。このまま推移しま

すと 2025 年には、1 号認定は約 17% になり、2 号認定と 3 号認定が約 83% になります。そうなると認定こども園は、保育所に幼稚園の子どもが少し加わったイメージになります。

　私立幼稚園の認定こども園化が進んでいますが、それは 1 号認定の子どもが減っているからであり、認定こども園を利用している子どもの構成は、2 号認定、3 号認定が中心になっています。

2　認定こども園の抱える固有の問題をどう解決すべきか

認定こども園が抱える固有の問題とは

　認定こども園は保護者の状況に関係なく、子どもが同じ施設を利用できるため、望ましいといえます。しかし、認定こども園には看過できない問題があります。それは滞在時間の異なる子どもが同一施設で過ごしているという問題です。

　1 号認定の子どもは 4 時間が標準で、2 号認定の子どもは 11 時間過ごす子どももいます。認定こども園によっては、1 号認定の子どもと 2 号認定の子どもを、別のクラスにしていますが、それではせっかく同じ施設に通っている意味がありません。

　多くの認定こども園では、午前中は 1 号認定の子どもと 2 号認定の子どもを分けずにクラス編成しています。午後になると 1 号認定の子どもが自宅に帰るため、午後は 2 号認定の子どもだけでクラスを作っています。この場合、午後のカリキュラムを組むのが難しくなります。保育所では午前から午後まで、一貫したカリキュラムを組みますが、認定こども園の場合、午後に設定保育を入れるのが困難です。午後に設定保育を入れると 1 号認定の子どもが受けられないからです。そのため保育所と比べますと、認定こども園では、午前のカリキュラムが過密になり、午後は散歩、自由遊びなどになりがちです。特に、幼稚

園が認定こども園になった場合、午後の保育は、幼稚園の預かり保育と同じような内容になりがちです。同じことは夏休みなどの長期休業中にも当てはまります。

認定こども園ではこの問題にどう対応するかを試行錯誤していますが、簡単には結論が出ませんし、画期的な解決策はないと思います。

保育の必要性をどう判断すべきか

保育を必要とするかどうかの判断は、基本的には保護者の状況によります。保護者が就労、就学、病気などで家庭で保育できない場合、保育を必要としていると判断され、保育所を使います。それに対して保護者が自宅にいる場合、保護者の下で休んだり、近所の子どもたちと遊んだりすることができるため、保育が必要だと判断されません。

幼稚園を利用する子どもが多い時代はこれでよかったと思います。幼稚園が終わって家に帰っても、遊ぶ子どもが近所にたくさんいたからです。しかし、子どもの数が減り、保育を必要とする子どもが増えますと、幼稚園の子どもがいったん家に帰ると、遊ぶ子どもが近所にいません。その結果、1号認定の子どもが認定こども園から家に帰ると、後は家でテレビを見る、習い事に行く、場合によっては兄弟と遊ぶなどしかできません。保護者の下で近所の子どもと遊ぶということが難しくなっています。

これは子どもにとって望ましい環境ではありません。保護者が家にいる場合、保護者の下で近所の子どもと遊べ、幼稚園とは違った子ども集団が形成されるという前提でしたが、その前提が失われています。先に見たように、認定こども園を利用する1号認定の子どもが減少しているため、多くの子どもが夕刻以降まで認定こども園に残ります。そのような地域では、1号認定の子どもが家に帰ると、子ども集団を形成するのが難しくなります。夏休みなどの長期休業中、近くで一緒

に遊ぶ子どもがいないのは深刻です。

　保育が必要かどうかは、保護者の状態だけで判断するのではなく、家に帰ったら十分な集団遊びが保障できない場合、保育が必要と判断すべきです。そして認定こども園にいる時間を延ばし、子どもたちに子ども集団の中で過ごす時間を保障すべきです。つまり、保育が必要かどうかを保護者の状況だけで判断せず、地域の状況も含めて判断すべきです。

認定こども園の標準保育時間

　具体的には、認定こども園では 1 号認定の子どもでも標準保育時間を 7 時間もしくは 8 時間にしたらいいと思います。

　そうしますと 1 号認定の子どもは 9 時から 16 時もしくは 17 時まで認定こども園で過ごすことになり、2 号認定の子どもとかなりの時間が重複します。7 時間もしくは 8 時間を標準にしますと、2 号認定の短時間と同じです。その結果、先に書いたような認定こども園が抱える固有の問題はほぼ解消します。また夏休みなども同じです。

　もちろん標準を 7 時間もしくは 8 時間にするのであり、強制ではありません。認定こども園のカリキュラムは 7 時間もしくは 8 時間を基本としつつ、保護者の希望も尊重すべきです。標準的な保育時間は保護者の状態と地域の状態で判断し、幼稚園は 4 時間、認定こども園は7 時間〜11 時間、保育所は 11 時間にしたらいいと思います。

3　市町村が進める認定こども園化にどう対応すべきか

認定こども園化＋民営化やめるべき

　公立幼稚園、公立保育所を認定こども園にする場合、いくつかのパターンがあります。一つ目は、公立幼稚園、公立保育所を単体で認定こ

ども園に変える場合です。二つ目は、複数の公立幼稚園、公立保育所を統合して認定こども園を設置する場合です。一つ目と二つ目は、認定こども園設置後も、公立施設として維持されます。それに対して三つ目は、認定こども園を設置すると同時に民営化し、公立施設でなくなる場合です。

　まず三つ目の、認定こども園化＋民営化の場合から考えます。1章で見たように認定こども園は児童福祉法第24条第2項に位置づけられた施設です。公立認定こども園であれば、直接契約にはならず、第2項に位置づけられる施設に変わっても、実質的には第1項と同じです。しかし、民営化されますと、直接契約の施設に変わり、市町村の関与が少なくなるだけでなく、4章で見たような公立施設としての役割がはたせなくなります。そのため、認定こども園化＋民営化計画には反対すべきです。

統廃合を伴う認定こども園化には慎重に対応すべき

　次に二つ目の場合を考えます。公立幼稚園や公立保育所を単体で認定こども園化する場合もありますが、多くの自治体は複数の公立施設を統廃合して一つの認定こども園を設置しようとしています。その場合、以下二点が重要です。一点目は5章で見ましたが、就学前施設の配置は日常生活圏（小学校区）を基本に考えるべきで、少なくとも公立施設を一つは日常生活圏に残すべきです。広域に立地している複数の公立施設の統合する場合が見られますが、極端な場合、複数の中学校区に公立認定こども園を一つ配置するような計画があります。一般的に中学校区は小学校区より大きくなっていますが、それは中学生の方が小学生よりも行動範囲が広いからです。ところが就学前児童が使う認定こども園の範囲が中学校区より広く設定されるのは、まちづくりという点から見ると明らかに異常です。このような広域に一箇所設

定する場合は、認定こども園の役割を
変質させようとしていると考えるべき
で、先に見た狭い意味での福祉的役割
に矮小化されるのではないかと思われ
ます。障害の重い子どもや虐待を受け
ているなど、私立施設では受け入れが
難しい子どもを広域から集める施設と
いう位置づけです。複数の公立施設を
統合する場合でも、日常生活圏に一箇
所は公立施設が残るようにすべきです。

　二点目も5章で見ましたが、統合し
た場合でも施設規模を100人以下に抑
えるということです。保育所、幼稚園、
幼保連携型認定こども園の定員を見た
のが**表6-1**です。保育所は96人、幼
稚園は181人、認定こども園はその中
間ぐらいで148人です。ただし、幼稚
園の定員充足率は低いため、実際に利
用している子ども数は幼保連携型認定
こども園が一番多くなります。一般的
に幼稚園と保育所を統合して認定こど
も園にする場合、施設規模が大きくなりがちです。

表6-1　施設別定員

(単位：人)

		定　員
保育所	平均	96
	公立	102
	私立	93
幼稚園	平均	181
	公立	117
	私立	214
幼保連携型	平均	148
認定こども園	公立	148
	私立	148

出所：厚生労働省「社会福祉施設等調査」2020年12月、文部科学省「学校基本調査」2020年12月から筆者作成。

表6-2　在園者別施設数
（幼保連携型認定こども園）

	施設数	割合(%)
100人以下	3971	67.9
101～200人	1514	25.9
201～300人	288	4.9
301～400人	62	1.1
400～500人	10	0.2
500人以上	2	0
計	5847	100

出所：文部科学省「学校基本調査」2020年12月から筆者作成。

　幼保連携型認定こども園の規模を見たのが**表6-2**です。100人以下
が約2/3を占めますが、101人～200人が1514箇所、201人～300人が
288箇所、301人～400人も62箇所存在しています。しかし5章で見た
ように、就学前施設は100人以下とすべきです。そもそも統合後、100
人を超えるような規模になるのであれば、統合する必要はありません。

84

統合をすべて否定しませんが、上記の二点は守るべきであり、それが満たされるのであれば、統合も一つの選択肢になります。たとえば公立幼稚園の定員充足率がかなり下がり、今後も改善が認められず、かつ同じ日常生活圏に公立保育所があるような場合は、統合も一つの選択肢になります。

基本は単独で認定こども園化を図るべき

幼稚園、保育所とも50人以上の子どもが利用しているのであれば、認定こども園にせず、幼稚園、保育所で維持すべきです。ただ、幼稚園の定員充足率がかなり下がり、その地域で一定の保育需要が今後も見込めるような場合は、幼稚園を幼保連携型認定こども園に変えることが選択肢になります。少なくとも幼稚園で預かり保育の定員を拡充するよりは、幼保連携型認定こども園とし、保育所の最低基準を満たした方がいいでしょう。また、当該小学校区内に公立保育所がない場合は、2号認定、3号認定の受け皿として認定こども園化はむしろ重要です。

原則として幼保連携型認定こども園を設置すべき

認定こども園は4類型あります。幼稚園と保育所双方の基準を満たしている幼保連携型、幼稚園の基準のみ満たしている幼稚園型、保育所の基準のみ満たしている保育所型、両方の基準を満たしていない地方裁量型です。2020年4月時点で認定こども園は8016箇所あります。そのうち、幼保連携型が5688箇所（71％）、幼稚園型が1200箇所（15％）、保育所型が1053箇所（13.1％）、地方裁量型が75箇所（0.9％）です（内閣府「認定こども園に関する状況について」2020年12月より）。

双方の基準を満たしている幼保連携型認定こども園が7割を占めていますが、それ以外も3割存在します。認定こども園は幼稚園の子ど

もと保育所の子どもが通う施設です。当然、双方の基準を満たすべきです。認定こども園化を図る場合は、幼保連携型認定こども園を基本とすべきです。

市町村単費で標準保育時間を延ばすべき

　公立幼稚園や公立保育所を認定こども園にする場合、おそらくその地域では1号認定の子どもがかなり減っていると思われます。そのような場合は、先に述べたように、1号認定の標準保育時間を7時間か8時間にすべきです。本来は市町村の判断で標準保育時間を4時間から8時間の間で選べるような制度にすべきですが、そうなるまでは市町村の単独負担で標準保育時間を延長したらいいでしょう。若干のやりくりは必要ですが、勤務時間を大幅に増やす必要はないため、市町村の持ち出しはさほど多くならないと思います。

　また、広域自治体である都道府県は、市町村の負担を軽減するため、費用の2分の1を都道府県が負担するような制度を創り、市町村の試みを財政的に支援すべきです。

関係者の理解が不可欠

　幼稚園や保育所を認定こども園に変える場合、幼稚園、保育所の在園児が認定こども園を利用するようになります。認定こども園になることで何が変わるのかなどを、保護者に丁寧に説明し、不安解消に務めることが不可欠です。

　認定こども園は施設を利用する時間帯が異なる子どもが通う施設ですが、保護者の状況も異なります。保護者が施設と様々な形で係わるのは、施設にとって重要ですが、保護者にとっても大切なことです。しかし、幼稚園の場合、PTAの会合は通常、平日の昼間に行われ、保育所の場合、保護者会は週末か平日の夜に行われます。子どもと同様、

認定こども園を利用する保護者も生活スタイルが異なるため、保護者間の連携、調整をどうするのかなど、あらかじめ議論しておかなければなりません。

　また、同じ公立施設でも、幼稚園と保育所では運営の仕方、保育内容が異なります。それを認定こども園にする場合、どのようにすべきかをあらかじめ職員が議論しておくべきです。多くの市町村では、幼稚園の教員と保育所の保育士では、賃金等に違いがあります。同じ施設で働くにもかかわらず労働条件が異なるのは好ましくありません。この点もあらかじめ解決しておくべきです。

認定こども園のとらえ方

　子どもの数が減り、働く女性が増えれば、幼稚園の利用者は減少します。その結果、幼稚園の定員充足率が低下し、経営の安定を考え、認定こども園に変わる幼稚園が増えるのは自然な流れです。また、保護者の就労状態にかかわらず、就学前の子どもが同じ施設に通うことは望ましいと思います。

　一方、認定こども園は児童福祉法第24条第2項に位置づけられており、制度上の大きな問題を抱えています。また、幼稚園型認定こども園、保育所型認定こども園、地方裁量型認定こども園は、幼稚園や保育所の基準を満たしていない施設であり、この点も改善が必要です。

　ただ、認定こども園の持つ問題が放置されているにもかかわらず、行政は認定こども園化を急速に進めており、私立幼稚園も経営安定のために認定こども園へ次々と変わっています。このような状況が望ましいとも思えません。先に見たように、認定こども園が抱える固有の問題は、認定こども園の標準保育時間を見直すことでかなり改善できます。認定こども園は新しい施設であり、改善すべき点を改善しつつ、地域の子育て環境改善にどう生かしていくかを考えるべきです。

7 章

統廃合か、最低基準の改善か、
ここに最大の争点がある

　保育における 2025 年問題、すなわち保育所利用者の減少が起こります。行政は利用者の減少を公立施設の統廃合につなげようとしていますが、それに対してどのような方向性を展望すべきでしょうか。また、2000 年以降、公的保育制度が変質してきましたが、それに対して公的保育制度の再生、創造をどのように考えるべきでしょうか。7 章ではこれらの点を考えます。

1　新型コロナ感染症の影響が明確になるまで、民営化、統廃合計画は凍結すべき

子ども・子育て支援事業計画に基づいて公立施設の統廃合を推進

　市町村は新制度とともに子ども・子育て支援事業計画を策定しているはずです。第 1 期は 2019 年度で終了し、2020 年度から第 2 期に入っています。市町村が公立保育所の統廃合、民営化を進める場合、子ども・子育て支援事業計画にその正当性を求める場合が見られます。そのストーリーはおおよそ以下のようになります。

　a：まず、今後どの程度の家庭が子どもを保育所等に預けたいと考えているかを把握するためのニーズ調査を行います。そして、どの程度の保育需要が発生するかを予測します。

　b：一方、私立保育所等の開設計画、誘致計画などを踏まえ、どの程度の定員が確保できるかを推計します。

c：公立保育所を統廃合した場合、どれだけの定員が減るかを計算します。

d：bからcを引いてもaより多くなることを示し、公立保育所の統廃合で定員が減っても待機児童が発生しないと結論付けます。

　市町村によって多少の違いはありますが、上記のようなストーリーで公立保育所統廃合の正当性を証明しようとしています。しかし、周辺の市町村と比べて保育ニーズがかなり低い、私立保育所誘致の実効性に疑問があるなど、データの信憑性に疑問があり、証明できているとは思えません。また、子ども・子育て支援事業計画は、地域の子育て環境を充実させるための計画です。需要予測も子育て環境が改善し、出生率が上がることを前提にすべきです。ところが出生率は上がらず、子どもが大幅に減ることを前提に需要予測をしている計画が多くみられます。子育て支援をまじめに進めるための計画というよりも、公立保育所の統廃合を根拠づけるための計画になっています。

新型コロナ感染症以前に作成された計画を根拠に民営化、
統廃合を進めていいのか

　以上のように、公立保育所を統廃合しても問題ないと証明できているのかどうかは疑問ですが、その根拠となる子ども・子育て支援事業計画は、新型コロナ感染症以前に作成されたものです。子ども・子育て支援事業計画を根拠とせず、公立保育所の民営化、統廃合を進めている市町村もあります。しかしそれらの計画も、新型コロナ感染症以前に作成されたものです。

　新型コロナ感染症は社会に対して様々な影響を与えました。公立施設のはたすべき役割も改めて確認されました。新型コロナ感染症で様々な仕組み、生活の見直しが提起されているにもかかわらず、新型コロナ感染症以前に立てられた計画を粛々と実施するのが望ましいの

でしょうか。

　市町村は地方創生の関係で人口ビジョンを作成し、すでに第1期総合戦略は終了し、第2期総合戦略に入っていると思います。しかし大半の市町村は少子化対策が想定したほどの効果が上がらず、人口ビジョンで掲げた目標が未達成になっているはずです。そのうえ、新型コロナ感染症の影響で、出生数が大幅に落ち込みはじめています。市町村の将来を考えますと、出生数の回復は極めて重要な課題になっています。4章で見たように、公立施設は地域で少子化対策を進める要になります。地域でどのような少子化対策を進めるのか、それらが明確になっていない段階で、公立施設の縮小を進めていいのでしょうか。廃止してから後悔しても簡単には元に戻りません。

　新型コロナ感染症により様々な分野で見直しが必要になっており、公立施設の縮小計画の見直しはその典型です。ところが見直すどころか、三密回避を理由にまともな保護者説明会も開催せず、粛々と新型コロナ感染症以前の計画を進めている行政は、思考停止で暴走していると言っていいでしょう。

新型コロナ感染症対策に集中すべき

　新型コロナ感染症がいつ収束するかはまだわかりません。出産を控える女性が増大し、子育てを巡って様々な不安も増えています。保育所などもコロナ対策で大変です。

　そのような市民の不安をどう和らげるのか、施設の大変さをどう軽減するのかが、いま最も重要なことです。このようなときに統廃合、民営化を進めるために市町村職員を使うのは時間と経費の無駄遣いです。保護者の不安を増大させるため、正確には無駄ではなく有害です。なぜ今、保護者の不安を増幅させるような計画を進めるのでしょうか。その時間と経費をコロナ対策に使うべきです。

　民営化、統廃合には賛成の人、反対の人、様々な意見があります。新型コロナ感染症の影響もはっきりわからない、十分な議論もできない。そのようなときに、保育所の民営化や統廃合を急いで進める社会的正当性は全くありません。民営化や統廃合計画が少しぐらい遅れても何の影響もありません。

　公立施設の民営化、統廃合計画はいったん凍結すべきです。新型コロナ感染症が収束し、コロナの影響が明確になってから、公立施設のあり方について、市民的に議論し直すべきです。子ども・子育て支援事業計画ももう一度、ニーズ調査を行い、新型コロナ感染症の影響を踏まえ作り直すべきです。

2　保育所利用者の減少を最低基準の改善につなげる

保育所の質的改善が急務

　2章で見ましたが、早ければあと2年程度、遅くても2025年までには保育所利用者が減少すると思われます。それを踏まえて行政が進めようとしているのは二つです。一つは、公立施設の統廃合を進め、公立施設の定員を減らすこと。そして、公立施設の役割を狭い意味での福祉的役割に矮小化することです。もう一つは、通常保育は民間中心にし、市町村の関与を減らすことです。その焦点になるのが児童福祉法第24条第1項の廃止です。

　保育所利用者が減るため公立施設の定員を減らすという考えにどう対抗すべきでしょうか。そのポイントは、保育所利用者の減少を利用して基準の改善を進めることです。

　新型コロナ感染症は様々な影響を保育所などに与えました。最初のころは登園自粛が呼びかけられ、エッセンシャルワーカーの子どもなど、一部の子どもだけを受け入れた保育所が多くみられました。その

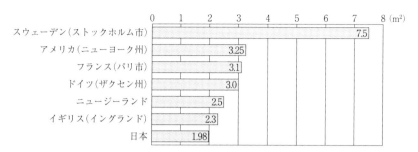

図7-1　5歳児一人当たり床面積

出所：藤井伸生著『コロナと保育』「住民と自治2021年7月号」に収録を元に筆者作成。

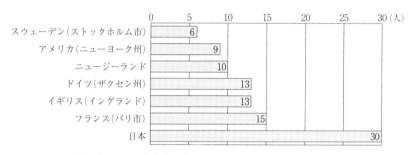

図7-2　一人の保育士が担当する子どもの最大人数（5歳児）

出所：図7-1と同じ。

こと自体は家庭や子どもに大きな負担をかけましたが、他方では登園する園児が減り、期せずして少人数保育が実現しました。普段よりきめ細かく子どもに接することができた、子どもへの声かけが増えた、子ども同士のトラブルが減ったなど、コロナによる登園自粛で少人数保育の良さが確認できたといえます。

　もともと日本の配置基準、面積基準などは、ヨーロッパに比べて明らかに劣っており、専門家、保育関係者等から繰り返し、基準の改善が要望されていました。**図7-1**は主な国の保育所で定められている一人当たり床面積（5歳児）の最低基準を比較したものです。一目瞭然ですが、日本の基準は極めて低くなっています。**図7-2**は一人の保育

士が担当する子ども（5歳児）の最大人数を見たものです。スウェーデン（ストックホルム市）とアメリカ（ニューヨーク州）は 10 人以下、それ以外の国は 10 人〜15 人に対して、日本は 30 人です。日本の基準の多くは戦後すぐに決められたままで改善されておらず、他の国と比べて極めて劣悪です。戦後混乱期に立てられた基準を維持する意味は存在せず、質の高い保育を実施するためには、基準の改善が避けられません。

どのように基準を改善するのか

　日本では 5 歳児の場合、保育士一人が最大 30 人の子どもを担当します。30：1 です。今後、保育所利用者が 15% 減少すれば、30：1 を 25：1 に改善すべきです。利用者が 30% 減少すれば、30：1 を 20：1 に改善したらいいでしょう。利用者が増えるときにこのような改善を進めると保育士を増やさなければなりません。しかし利用者が減るため、利用者の減少に応じて基準を徐々に改善すれば、保育士を増やす必要はありません。

　面積も同じです。5 歳児の場合、子ども一人当たり 1.98m^2 の床面積が必要です。利用者が 15% 減少すれば 1.98m^2 を 2.3m^2 に改善すべきです。利用者が 30% 減少すれば、1.98m^2 を 2.6m^2 に改善したらいいでしょう。利用者が増えるときにこのような改善を進めると保育所を増築しなければなりません。しかし利用者が減るため、利用者の減少に応じて基準を徐々に改善すれば、増築の必要はありません。利用者の減少に対応して基準を改善すれば、無理なく改善を進めることができます。

　100 人定員の保育所が 3 箇所あり、利用者が 30% 減ったとします。行政は利用者が減ったため保育所を統合し、105 人定員の保育所を 2 箇所設置するというでしょう。それによって予算は削減できますが、自

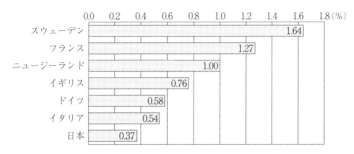

図7-3　幼児教育・保育に対する公的支出の割合（対 GDP 比）
出所：OEDC「Economic Policy Reforms 2017」より筆者作成。

宅から保育所までの距離が遠くなり、保育環境は劣悪なままです。

　そうではなく、利用者が30％減るのであれば、定員を70人に減らし、保育所は3箇所のまま維持すべきです。そうすれば、他国と比べて劣悪な保育環境が改善され、かつ3箇所の保育所が維持できます。

　もちろん、利用者が減少しても元の運営費を保障しなければなりません。100人定員が70人になっても、運営費が変化しなければ経営面での問題は生じません。先に書いたように保育士を増やす必要はありませんし、増築する必要もありません。予算を増やす必要もありません。予算を維持すればいいだけです。

　子どもが減るのであれば予算も減らすべきという考えもあるかもしれません。**図7-3**は幼児教育・保育に対する公的支出の割合を見たものです。日本の低さは歴然としています。これ以上減らす必要はありません。本来は公的支出を増やすべきですが、それが難しいというのであればせめて維持すべきです。そうすれば、保育所利用者が減るため、基準の改善が無理なくできます。

基準の改善と私立保育所経営の関係

　行政は、「保育所利用者の減少→公立施設の定員削減→私立施設の経

営安定」と説明しますが、それは子どもの減少に応じて運営費は削減される、というのが前提になっているからです。

そうではなく「保育所利用者の減少→最低基準の改善→保育環境の改善＋運営費の維持」を目指すべきです。そうすれば、私立保育所は利用者が減っても子ども確保に走る必要はありません。

100人定員が70人定員に減っても、保育士の数は同じ、施設面積も同じ、運営費も同じです。そして、保育環境は格段に改善されます。このような方向性を目指すべきです。

地域の実情に応じて基準の改善を進める

もともと保育所の最低基準は政府が決めていました。ところが、地方分権の一環で政府が目安を示しつつ、実際の最低基準は自治体が条例で決めるように変わりました。しかし、日本のどこであっても最低限の基準は同じにすべきで、最低基準は政府が決めるべきです。もちろんこれは最低の基準であり、それを超える基準を自治体が定め、運営することを妨げるものではありません。ただし現状では、政府が定めた目安を超える基準を自治体が決め、運営する場合、それに伴って増えた経費は自治体が負担しなければなりません。

保育所をめぐる状況を見ますと、待機児童が解消できていない首都圏や大都市中心部と地方では大きく異なり、政府が単一の最低基準を定めるのは難しいでしょう。そこで5歳児の場合、2025年度までは30：1から25：1という最低基準を定め、市町村がその範囲内で、地域の実情を踏まえ、地域に適用する最低基準を決めたらいいと思います。もちろん30：1よりも低い基準を定めることはできません。また、25：1までであれば、自治体の財政負担は発生せず、それより高い基準を決めればその分は市町村の財政負担とすればいいでしょう。そして保育所利用者の動向を見極めつつ、2025年度から2030年度までは、

最低基準を 25：1 から 20：1 と、徐々に基準を引き上げていけばいいと思います。

3　新制度の抜本的見直しと公的保育制度の拡充

市町村責任の拡充

　保育における 2025 年問題への対応については先に述べた基準の改善が最大のポイントになります。一方、2000 年以降、小泉構造改革、アベノミクスで公的保育制度は大きく後退しました。崩れた公的保育制度をこれからの時代にふさわしい形で創造しなければなりません。その内容を以下で概観します。

　まず重要なことは市町村責任を明確にすることです。すでに述べましたが、政府は児童福祉法第 24 条第 1 項を廃止し、第 2 項に統一し、民間中心で運営しようとしています。そうではなく、児童福祉法第 24 条第 2 項を廃止し、第 1 項に統一すべきです。保育所、認定こども園などの整備、保育については、市町村が責任を持つべきです。新制度に入っている幼稚園も同じように位置づけるべきです。直接契約ではなく、市町村と保護者が契約を結ぶようにすべきです。

公立施設の役割強化

　公立施設の統廃合を進めるのではなく、1 小学校区に 1 公立施設を目安として整備し、公立施設で地域の標準的な保育を展開すべきです。公立施設を狭い意味での福祉的役割に矮小化せず、障害の有無、信条などで子どもを選別するのではなく、希望するすべての子どもが利用できるように保障すべきです。

　また、公立施設を核とした地域での連携、子育て支援策の充実を進めなければなりません。

錯綜した施設の再編

　新制度、待機児童解消では、量的な整備を優先させたため、様々な施設、事業が錯綜する状態になっています。しかもそれらの施設、事業は基準がバラバラです。このような錯綜した施設、事業を維持する必要はありません。保育所、幼稚園、幼保連携型認定こども園、地域型保育事業（A型）を基本とした制度に再編すべきです。

　一定期間を保障し、様々な施設、事業を上記の4タイプに再編すべきでしょう。認可外保育施設の認可化を支援し、一定期間後は認可外施設を認めないようにすべきです。

最低基準は国が決めるべき

　先にも書きましたが最低基準は政府が決めるべきです。ただ、地域によって状況が大きく異なるため、一定の幅を持たした最低基準とし、市町村が地域の実情を踏まえ、実際の基準を決めたらいいと思います。ただし、基準内であれば市町村に財政負担が発生しないようにすべきです。

保育士資格の必修化と処遇改善

　新制度で重視した規制緩和は保育士資格無しでも保育者になれるようにしたことです。さらに無償化では幼稚園の預かり保育、認可外保育施設も対象に含めたため、資格無しの範囲がさらに広がりました。また、保育者は正規雇用が基本ですが、非正規雇用が広がり、新たに始まった待機児童対策では、これに拍車をかけようとしています。

　資格不要、不安定雇用でも可というのは、保育士の専門性軽視です。保育士の配置基準、施設規模などは保育の質に大きく影響しますが、同時に保育士の専門的力量も保育の質に大きな影響を与えます。

　また、資格無し、非正規雇用の拡大を進めたのは、保育士が確保でき

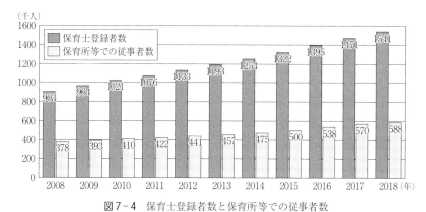

図7-4　保育士登録者数と保育所等での従事者数

出所：厚生労働省「保育士の現状と主な取組」2020年8月より筆者作成。

ないからです。そもそもなぜ保育士の確保が難しいのでしょうか。**図7-4**は保育士登録者数と登録者のうち保育所等で働いている人の推移を見たものです。両方とも順調に増えていますが、2008年から2018年の変化を見ますと、保育士登録者数は10年間で63万8000人増えています。それに対して保育所等で保育に従事している人は21万人しか増えていません。その結果、2018年で保育士資格を持っている人のうち、保育所等で働いている人は38.3％です。また、2017年から2018年の1年間で保育士資格登録者は7万人増えていますが、保育所等で働いている人は1万8000人しか増えていません。保育所で働いている人の増加数は、保育士登録者増加数の4分の1にとどまっています。

　全国保育士養成協議会の報告書によりますと、2018年度に保育士養成施設を卒業した学生のうち、保育所、認定こども園、幼稚園に就職したのは55.4％です（同会「指定保育士養成施設卒業者の内定先等に関する調査研究」2020年3月）。

　これらからわかることは、保育士確保が難しいのは、保育士資格の保有者が不足しているのではなく、保育士資格保有者のうち3分の2

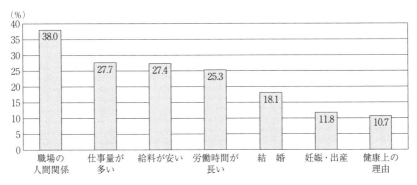

図7-5 保育者をやめた理由（複数回答）

出所：東京都「東京都保育士実態調査報告書」2019年5月より筆者作成。

表7-1 職種別賃金

（1箇月、万円）

職　種	年　齢	賃　金
薬剤師	41.2	37.2
看護師	41.2	30.9
ケアマネージャー	49.9	26.9
幼稚園教諭	36.3	25.1
保育士	37.6	24.6
全　体	43.2	30.8

出所：厚生労働省「令和2年賃金構造基本統計調査」2021年3月より筆者作成。

の方が保育所などで保育に従事していないからです。

　ではなぜ、保育士資格を持っているのに保育の仕事につかないのでしょうか。**図7-5**は保育者をやめた方にその理由を聞いたものです。1番多いのは、「職場の人間関係」です。2番目以降は、「仕事量が多い」「給料が安い」「労働時間が長い」となっており、労働条件に関する理由です。そして、5番目、6番目は、「結婚」「妊娠・出産」となっています。労働条件の改善では、先ほど述べた少人数保育の導入が重要です。また、処遇の改善も重要です。**表7-1**は職種別の賃金を見たものです。保育士は回答者の年齢が低くなっていますが、それでも他の職種より賃金が低く、全体と比べても20％低くなっています。保育士の賃金水準は政府が決めるため、政府の判断で賃金を引き上げることができます。

　5番目、6番目の理由は保育所の存在理由と矛盾しています。保育

所は就労と育児を両立させるための施設です。にもかかわらず、保育所では就労と育児が両立できていないわけで、この点の改善も急務です。

　これらの点を改善すれば、保育所等で働こうと考える保育士資格保有者が増えるはずです。保育士の確保が困難だから、保育士資格のない人を雇うというような発想では、保育の質の低下が避けられません。労働条件の改善、処遇の改善などを急ぎ、有資格者が働こうと思う就労環境の整備を行い、有資格者で必要な保育者を確保できるようにすべきです。

人口減少地域における施設維持の保障

　４章で書きましたが、地方や郊外では、「子どもが減少→保育所の統廃合→子育て環境の悪化→若者の転出→子どもが減少」という悪循環が発生しています。保育施策は子育て環境をよくするための施策ですが、保育所の統廃合という保育施策は、子育て環境の悪化を招いています。

　保育所の運営費は利用する子どもの数が基本になるため、利用者が少なくなると、運営費が減ります。そこで統廃合を計画する市町村が増えますが、そのようなことを進めますと、自宅から保育所までの距離が遠くなり、子育て環境が悪化します。

　若者の東京一極集中が続き、それに伴って地方では子どもが減っていますが、それに追随して保育所を統廃合するのではなく、子どもが減っても保育所を維持し、子育て環境が悪化しないような対策が必要です。そのためには利用者数を基礎とした運営費以外に、子どもが減っても保育所を維持できるような財政的保障が必要です。

4　消費税とは違う財源確保

　新型コロナ感染症との関係で、先に述べた少人数保育が実施されました。小学校でも同じことが起こり、少人数学級の重要性が広く実践的に認識されました。ここまでは保育所と小学校は同じですが、その後の事態は大きく異なります。小学校では、この経験を生かし、少人数学級の導入が決まりました。クラス規模は 35 人でヨーロッパなどと比べますとまだ大規模ですが、それでも 40 人学級が 35 人学級に変わります。その後の国会答弁では、中学校の少人数学級も検討するようです。

　ところが就学前については少人数保育が検討されていません。幼稚園のクラス規模は 35 人のため、幼稚園と小学校が同じ人数になります。このままですと幼稚園から中学校まで全て 35 人学級になるかもしれません。これは明らかにおかしく、低年齢児ほどクラス規模を小さくすべきです。

　小学校では少人数学級が実現しますが、なぜ、保育所や幼稚園では実現できないのでしょうか。新制度では保育の充実に必要な財源は消費税の値上げで確保するとなりました。そのため、保育環境の改善、保育士の処遇改善などを進めるためには消費税率の値上げが必要です。保育所利用者の減少に対応して基準の見直しを徐々に進めれば、新たな財源は不要ですが、保育士の処遇改善、無償化の拡大などを進める場合、新たな財源が必要になります。もちろん、基準の改善を保育所利用者の減少よりも早く進めるのであれば新たな財源が必要です。

　小学校で少人数学級を進めるために消費税を値上げする必要はありません。ところが、保育所や幼稚園で様々な改善を進めるためには消費税率を引き上げて新たな財源を確保しなければなりません。新型コ

ロナ感染症で経済が低迷しており、このような状況で消費税率を引き上げることは不可能です。

　消費税以外に、所得税、法人税、相続税など様々な税金があります。にもかかわらず消費税に財源を限定したところに新制度の大きな問題があります。新制度のこの仕組みを変え、保育所などを抜本的に改善するために必要な財源を消費税以外で確保できるようにすべきです。

5　根本的には出生率の回復が重要

　保育所における 2025 年問題を利用して基準の改善を進めるべきと書きましたが、それは子どもの減少を推奨しているのではありません。反対で、積極的に少子化対策を進め、安心して子どもを産めるような社会に変えなければなりません。当分は、出産期の女性そのものが大幅に減るため、少子化対策を進めても出生数の減少は避けられません。しかし、いずれ出生数を回復させ、保育所利用者も安定、増加するような時代を展望すべきです。

　公立施設を中心に、地域で様々な少子化対策を進め、将来的に地域で子ども数が回復してくれば、保育所の運営も安定します。保育所は地域での少子化対策を進める中心的な役割を担いますが、その成果が保育所の存立基盤を安定させるという関係にあります。少子化対策を進め、安心して子育てできる社会にすることが、保育所を安定的に維持する必要条件です。

おわりに

　2000 年代に入って、保育制度が大きく変化しました。ただし、変化させた理由は、子どもにとって望ましい保育環境を整える、地域の子育て環境を整備するためではありません。保育を景気対策として位置づけ民間企業の参入を促す、女性の就業率を引き上げるため保育の受け皿を拡大する、これらのために保育制度を変えてきました。自治体は財政難を背景に公立施設の民営化、統廃合を進め、保育政策を通じて地域での子育て環境を悪化させてきました。これらの結果、2010 年代、保育所等の定員は増えましたが、それは質を犠牲にした量的拡大であったといえます。

　このような政府や自治体の保育政策では子育て支援の充実には繋がりません。2010 年代後半から出生率は低下しています。そこに新型コロナ感染症が猛威を振るい、出生数はさらに落ち込んでいます。2000 年代から 2010 年代にかけて、子どもの数は減り続けましたが、女性の就業率が上がったため、保育所の利用者数は増え続けました。ところが、子どもの数が想定以上に早く減少するため、早ければ 2022 年ごろ、遅くても 2025 年には保育所の利用者が減るという従来とは 180 度反対のことが生じそうです。これを本書では保育所における 2025 年問題と呼びました。

　政府、自治体はそのような事態に直面し、公立施設の統廃合を進め、保育予算の抑制に舵を切ろうとしています。公立施設は私立施設では受け入れが困難な子どもを主たる対象とし、通常保育は私立中心でと考えているようです。それと同時に児童福祉法第 24 条第 1 項の廃止も大きな争点になるでしょう。これらが 2020 年代、保育をめぐる大きな争点になると思われます。このような施策を展開すると「利用者の減

少→公立施設の統廃合→保育環境の悪化→少子化の促進→利用者の減少」という悪循環にはまり込みます。そして、質の改善を伴わない量的縮小が進むでしょう。保育環境の改善が欠落すると保育政策が出生数の低下を促進するという2010年代の誤りを繰り返すことになります。

そもそも子どもが減るから公立施設を縮小するというのは公立施設の役割を理解していない暴論です。公立施設は地域の標準的な保育を実施し、保育の質を一定以上に保ってきました。また、行政機関であり、地域全体の子育て力向上を進めてきました。関係機関と連携を取りやすいため、配慮が必要な子どもを積極的に受け入れてきました。新型コロナ感染症が広がったときには地域全体で保育を確保する中心的役割をはたしました。このような公立施設が存在するから私立施設も特色を出しやすく、公立施設や行政と連携することで、安心して保育を展開することができました。

保育制度や保育所を変えるのは、保育環境を改善し、子どもが質のいい保育を受け、保護者の就労を保障しつつ子育てに関する安心感を高め、そして出生率を上げるためです。2020年代は保育所利用者の減少というかつて経験したことのない事態を迎えます。利用者の減少を公立施設の削減につなげるのではなく、最低基準の改善につなげるべきです。このことが、保育が抱える主要な問題、すなわち地域に保育所を残す、少人数保育を実現する、労働条件の改善を進める、これらを同時に解決する唯一の方法です。多額の予算は不要です。今の保育予算を維持すれば可能です。

保育所利用者が減るから公立施設の定員を減らす、そのような方向で私立施設の経営安定を考えるべきではありません。公立施設を減らすような施策を展開しながら、私立施設の安定的経営を積極的に進める行政は存在しません。むしろ私立施設を競争に駆り立てるでしょう。公立施設の統廃合を進めれば、際限なく子どもの数が減り、利用者の

減少に歯止めがかかりません。そうではなく、利用者数の減少に応じて最低基準の改善を進め、利用者が減っても運営費が減らないような仕組みを追求すべきです。それが保育環境の改善と私立保育所の経営安定を両立させる方法です。当面、利用者が減るのは避けられませんが、それを逆手にとって基準の改善を進めることができれば、少子化対策にも大きく寄与でき、長期的にみると保育所経営の安定につながります。そのような展望を持つべきです。

　保育所利用者の減少を公立施設の統廃合につなげるのか、最低基準の改善につなげるのか、ここに 2020 年代の保育をめぐる最大の争点があります。この点を保育関係者、保育に関心を持っている方々に伝えるために本書を書きました。

　本書を出版するにあたって、自治体研究社の編集部にお世話になりました。ありがとうございました。

2021 年 8 月
中山　徹

著者紹介

中山　徹（なかやま・とおる）
1959 年大阪生まれ、京都大学大学院博士課程修了、工学博士。
現在、奈良女子大学生活環境学部教授。自治体問題研究所副理事長、
　㈳大阪自治体問題研究所理事長。
専門は、都市計画学、自治体政策学。

主な著書
『大阪の緑を考える』東方出版、1994 年
『検証・大阪のプロジェクト』東方出版、1995 年
『行政の不良資産』自治体研究社、1996 年
『公共事業依存国家』自治体研究社、1998 年
『地域経済は再生できるか』新日本出版社、1999 年
『公共事業改革の基本方向』新日本出版社、2001 年
『地域社会と経済の再生』新日本出版社、2004 年
『子育て支援システムと保育所・幼稚園・学童保育』かもがわ出版、2005 年
『人口減少時代のまちづくり』自治体研究社、2010 年
『よくわかる子ども・子育て新システム』かもがわ出版、2010 年
『人口減少と地域の再編』自治体研究社、2016 年
『人口減少と公共施設の展望』自治体研究社、2017 年
『人口減少と大規模開発』自治体研究社、2017 年
『人口減少時代の自治体政策』自治体研究社、2018 年
『だれのための保育制度改革』自治体研究社、2019 年

子どものための保育制度改革
──保育所利用者減少「2025 年問題」とは何か

2021 年 9 月 15 日　　初版第 1 刷発行

著　者　中山　徹

発行者　長平　弘

発行所　㈱自治体研究社
〒162-8512 新宿区矢来町 123　矢来ビル 4 F
TEL：03・3235・5941／FAX：03・3235・5933
http://www.jichiken.jp/
E-Mail：info@jichiken.jp

ISBN978-4-88037-726-1 C0036

印刷・製本／中央精版印刷株式会社
DTP／赤塚　修